中世武士選書 53

奥州管領 斯波大崎氏

難敵に挑み続けた名族

佐々木慶市 著

戎光祥出版

幻の名族・斯波大崎氏──「はじめに」にかえて

　室町幕府《むろまちばくふ》の奥州管領《おうしゅうかんれい》（のちに奥州探題《たんだい》）に任ぜられた斯波《しば》（のちに大崎《おおさき》）氏は足利《あしかが》一門で、幕府のいわゆる三管領《さんかんれい》の一家である。始祖の家兼《いえかね》は暦応《りゃくおう》元年（延元《えんげん》三年、一三三八）閏《うるう》七月、兄高経《たかつね》と共に越前藤島《えちぜんふじしま》の戦いで南朝《なんちょう》方大将の新田義貞《にったよしさだ》を討ち死にさせたことは、史上有名である。その後、彼は奥州における足利方勢力を補強するため、文和《ぶんな》三年（一三五四）、足利尊氏《たかうじ》から奥州管領に任じられ奥州に下向して以来、子孫代々河内《かわうち》（現在の大崎地方）に居住した。

　五代満詮《みつあきら》の頃、応永《おうえい》二十年代（一四一三）には河内をほぼ領国化し、斯波大崎氏、のちに略して大崎氏と称されるようになった。奥州探題の職名は三代詮持《あきもち》の代からで、天文《てんぶん》十七年（一五四八）、伊達《だ》晴宗《てはるむね》が奥州探題に任ぜられるまで、代々この職を世襲した。したがって、室町・戦国時代に大崎氏は公式には幕府権力の代行者として奥羽随一の公権力者だったわけである。しかし、最後の十二代義《よし》隆《たか》の代にはもはや公権力はなく、天正《てんしょう》十八年（一五九〇）八月の秀吉《ひでよし》の奥羽仕置《おううしおき》によって所領を没収され、滅亡させられてしまった。

　ところで、大崎氏に関する研究は従来極めて少ない。何分、滅亡した家なので同氏伝来の系図や文書類がほとんどなく、関係史料も少ないので研究を著しく困難にしている。大崎氏は、いわば幻《まぼろし》の名族となってしまったのである。

次に、従来の大崎氏研究について見よう。これについては、近世《きんせい》の仙台藩《せんだいはん》の史官《しかん》らによって編さんされた「伊達正統世次考《だてせいとうせいじこう》」や「伊達家治家記録《だてけじけきろく》」の大崎関係の記事に負うところが極めて大きいが、これらの記事は伊達家側に都合良く記され、真実を伝えていないものが少なくない。例えば、大崎氏執事の氏家《うじいえ》氏は大崎氏譜代の被官だが、これを貞山公《じょうざんこう》治家記録では「監司《かんし》」（目付役の意か）と解したり、天文三年（一五三四）の大崎内乱は伊達稙宗《たねむね》の次男小僧丸《こぞうまる》の大崎入嗣に対する大崎一族重臣たちの反乱であるのに、入嗣年代を反乱後の天文五年にしたり、さらに小僧丸、元服名義宣《よしのぶ》を大崎十二代にするなどの類がある。いわば、伊達史観によって大崎氏の実像が著しく歪められているのだ。

さらに大崎氏の世系については、「伊達族譜」（仙台市立博物館蔵）で四代と五代が逆になっており、これが長い間、罷り通っていた。また天正年代、政宗に通じた氏家隆継《たかつぐ》を「貞山公治家記録」では一貫して「吉継《よしつぐ》」と記し、大崎十二代義隆の官途を同記録では一貫して「左衛門督《さえもんのかみ》」と記しているが、義隆が自他共にこれを称したことはない。このような誤りが随所に見られるが、今後、根本史料によって訂正されることが望まれる。

大崎氏の系譜

次に、従来、混沌としている大崎氏の世系を整理してみよう。現在、次の六種が知られている。

A「尊卑分脈《そんぴぶんみゃく》」（国史大系本） 第三編 清和源氏《せいわげんじ》

①家兼—②直持《ただもち》—③詮持

「尊卑分脈」は、南北朝《なんぼくちょう》末期に洞院公定《とういんきんさだ》の作成した諸氏の系図である。そのため、大崎氏の系図は南北朝末期に活躍した詮持の代までが記されている。

B「寛永諸家系図伝《かんえいしょかけいずでん》」最上《もがみ》氏系譜（国立公文書館蔵）

①家兼—②直持—③詮持—④満持《みつもち》—⑤満詮—⑥持兼《もちかね》

「寛永諸家系図伝」は寛永十八年（一六四一）、江戸《えど》幕府が諸大名・旗本《はたもと》にその系図を提出させて林羅山《はやしらざん》らに編纂させたもの。このとき、最上家より提出された系図には本家筋に当たる大崎氏の系図は六代持兼まではあるが、その後はなぜか記されていない。この世系は同時代史料・古文書等によって立証しうるもので、近世中期以降に編纂された諸種の大崎系図と比較して、信憑性は断然に高い。

なお、「続群書類従《ぞくぐんしょるいじゅう》」五・上所収の「最上系図」はこれとまったく同じである。

C「系図纂要《けいずさんよう》」清和源氏・源朝臣《あそん》姓 大崎（国立公文書館蔵）

①家兼—②直持—③詮持—④満持—⑤満詮—⑥持兼—⑦教兼《のりかね》—⑧政兼《まさかね》—⑨義兼《よしかね》—⑩高兼《たかかね》—⑪義直《よしなお》—⑫義隆《よしたか》

太田晶二郎氏によれば、「系図纂要」の編者は幕末の国学者で「大日本野史《だいにほんやし》」の著者・飯田忠彦《いいだただひこ》ではないかという（名著出版「系図纂要」解説）。その底本は明らかでないが、この世系は六代持兼までは最上氏系譜とすべて同じで、七代教兼以降、十二代義隆までは同時代の史料から確認できる。

D「会津《あいづ》四《し》家《け》合考《ごうこう》」附録「大崎家譜」（仙台市・斎藤報恩会蔵写本）

①家兼—②直時《ただとき》—③詮持—④満詮—⑤満持—⑥持詮—⑦教兼—⑧政兼—⑨義兼—⑩高兼—⑪義直
—⑫義隆

「会津四家合考」は寛文《かんぶん》二年（一六六二）会津藩士向井吉重《むかいよししげ》の著で、その附録に他氏と並んで大崎氏の家譜が記される。底本は明らかでないが、記された世系をB・Cの世系と比較した場合、四代と五代が逆であり、後述するがこれは明らかに誤りである。また、二代を直時とするが、直持の誤りである。六代持詮（B・Cでは持兼）以降の世系はCの世系と同じである。Dを底本としたものに、天《てん》明《めい》二年（一七八二）仙台藩士・佐藤信直《さとうのぶなお》著「仙台武鑑《ぶかん》」（『仙台叢書』別集第三巻）所収の「大崎家系図」がある。なお、仙台市・斎藤報恩会蔵の大崎家譜の世系もDの世系と同じで、Dを底本としたものだが、十二代義隆の子孫まで記しているのが特徴である。

E「伊達族譜《ぞくふ》」内族譜第四（仙台市立博物館蔵）

①家兼—②直持—③詮持—④満詮—⑤満持—⑥持詮—⑦教兼—⑧政兼—⑤義兼—⑩高兼—⑪義直
—⑫義宣—⑬義隆

「伊達族譜」は文化《ぶんか》六年（一八〇九）、仙台藩の史官である田辺希績《たなべまれづみ》・希道《まれみち》父子が命を奉じて「伊達系図」と共に編纂したもので、当時流布していた諸種の大崎系図を集大成したものである。大崎氏が伊達一族として「伊達族譜」に入れられたのは、戦国期に伊達稙宗《たねむね》の次男小僧丸（義宣）が大崎十一代義直の養子として大崎家に入ったためである。

ところで「伊達族譜」は、多くの部分をDを参考に作られたことがわかる。Dの代々註を引用していることや、四代と五代がDと同様に逆になっていることからもわかる。ただ、「伊達族譜」が他の諸系図と大いに異なる点は、十一代義直の次に十二代として小僧丸が入れられていることである。しかし、小僧丸はいったん義直の家督として入嗣したものの、のちに義直と不和になり出奔したので、これを代数に入れるのは無理がある。

F「大崎・最上・黒川《くろかわ》及《および》支流《しりゅう》家譜《かふ》」（仙台市・伊東きよめ氏蔵）

①家兼―②直持―③詮持―④満詮―⑤満持―⑥持兼―⑦持直《もちただ》―⑧持明《もちあき》―⑨政兼―⑩尚兼《ひさかね》―⑪泰政《やすまさ》―⑫高持《たかもち》―⑬高兼―⑭義直―⑮義隆

これによれば、初代家兼より六代持兼までの世系はD・Eとほぼ同様である。七代以降は諸系図とまったく異なり、最後の高兼・義直・義隆の三代のみが一致して世代数は十五代となる。この家譜にみえる七代持直より十二代高持までの世系は、おそらく大崎庶流の世系が混入されたものだろう。義直・義隆についての註はDの註とほとんど同じで、おそらくこれを書写したものであろう。このほかに「伊達秘鑑」（『仙台叢書』）や吉田東伍『大日本地名辞書』等に大崎氏の系図が掲載されているが、B・C・Dの三種が底本になっているようだ。

以上のように、大崎氏の系図が不統一で、系図によって四代と五代が逆ということなどは、大崎氏の研究が従来から遅れているのが原因であろう。室町・戦国時代の大崎領である現在の宮城県の大崎地方（志田《しだ》・加美《かみ》・玉造《たまつくり》・栗原《くりはら》・遠田《とおだ》の五郡、いわゆる大崎五郡の地方誌でも大崎氏に関する記載は簡単で、その世系についても種々である。大崎氏の歴代の事績にはほとんど触れていないといっても過言ではない。これらの点を明らかにするのが、本書の最大の目的である。

「大崎」名字の由来

次に、ここで「大崎」という名字の由来について見よう。従来、「会津四家合考」の大崎家譜の家兼の項に「祖先領総州大崎、故於当国曰大崎」とあり、「伊達族譜」にも「大崎姓源氏、足利尾張守《おわりのかみ》家氏《いえうじ》、領下総国《しもうさのくに》大崎。以大崎為称号」とある。これらから、大崎の名字は祖先が下総の大崎を領してからというのが定説となり、一般に採用されている。

しかし、これは重大な誤りである。いわゆる「下総国大崎」は現在の千葉県佐原市大崎だが、この地は鎌倉時代を通じて千葉介《ちばのすけ》一族である国分《こくぶ》氏の所領で（「千葉大系図」）、斯波氏の所領という証跡はまったくない。もちろん、伝承も存在しない。奥州管領に任ぜられた斯波氏は、五代満詮の頃に斯波大崎氏、のちに略して大崎氏と自他共に称されるようになったが、この大崎の称は先祖が下総国大崎にいたからではない。後述のように、中世の河内（江合川《えあいがわ》・鳴瀬川《なるせがわ》流城一帯の地）が当時「大崎」とも呼ばれていて、五代満詮の頃にこの地を斯波氏がほぼ領国化したため、この地の斯波氏が他の地方の斯波氏と区別して斯波大崎氏、略して大崎氏と称されるようになったからである。

平成十年までの研究成果

最後に、大崎氏に関する研究について見てみよう。

初代家兼・二代直持・二代詮持までは南北朝内乱期で、史料も比較的豊富にある。小川信氏によって早くから研究が進められ、その成果は『足利一門守護発展史の研究』（吉川弘文館）に収められた。私の研究もこの書に負うところ極めて大だが、基本的な部分でまだ解明されていない問題があまりにも多い。とくに四代満持から以降、十代高兼までの室町時代の大崎氏に関しては、根本史料が著しく不足しているため、小川氏も四代以降の大崎氏についてはほとんど触れていない。

根本史料が不足している第一の理由は、大崎氏は天正末年に滅亡したため伝来の文書が失われてしまったこと。第二に、一族・家臣も多く滅亡し、あるいは伊達家はじめ他家に奉公するようになり、新しい主君に憚って大崎関係の文書を廃棄したことが考えられる。第三に、大崎氏は奥州探題の要職にあったが、その政治的・社会的活動はあまり活発だったとは言い難く、発給文書も関係文書も比較的少なかったのではないかと考えられる。この点は、伊達氏とまったく対照的である。

以上のような理由から大崎氏研究は極めて困難で研究も進まなかったが、室町時代の奥羽政治史を体系づけるためにも、大崎氏研究は不可欠な重要課題である。さらに近年、地域起こしの運動と相俟って大崎氏研究の気運がようやく高まり、拙稿「奥州探題斯波大崎氏の世系について―大崎氏諸系図の検討」(『東北学院大学東北文化研究所紀要』第一四号)や伊藤信「大崎氏の歴代について」(『宮城の研究』第3巻　清文堂刊)等がある。

最後に特記すべきは、大崎氏の最後の根拠地であった宮城県加美郡中新田町(現、加美郡加美町)において平成七年十一月以来、毎年「大崎氏シンポジウム」が開催されたことである。これによって大崎氏研究が飛躍的に進んだ。

第一回目は平成七年十一月二十三日、バッハホールで伊藤信氏の「大崎氏の謎」と題する基調講演が行われ、「系図の謎、歴史の謎、本拠地はどこか」など7点の謎が指摘され、参加諸氏による活発な発表があった。

第二回目は平成八年十月十日、遠藤巌氏による「大崎氏研究―もう一つの見方」と題して、京都方面の史料等から大崎氏の問題を日本全体の中でどう見るかの基調講演があった。

第三回目は平成九年十月十日、伊藤喜良氏による「大崎教兼の生きた時代」と題して奥州探題体制についての講演があった。

第四回目は平成十年十月十日、大石直正氏が「大崎義隆の時代」と題して、天正十八年(一五九〇)の秀吉の奥羽仕置で大崎・葛西《かさい》両氏の所領没収処分の理由とされた小田原陣不参は、当時、両氏が南奥の石川《いしかわ》・白河《しらかわ》諸氏と同様にすでに伊達氏陣営に取り込まれており、政宗の抑止力によるものだったことを述べられた。この後、渡辺信夫氏の「奥羽仕置と大崎氏」では、太閤検地《たいこうけんち》による旧大崎領の近世的秩序への移行が述べられた。この「大崎シンポジウム」が大崎氏研究に果たした役割は大きなものがあった。

本書は、従来のこれら諸研究の成果をふまえ、諸家の古文書・記録等の根本史料を基軸とし、「留《る》守家《すけ》旧記《きゅうき》」「加美郡《かみぐん》四日市場《よっかいちば》鹿島社《かしましゃ》神主《かんぬし》覚書《おぼえがき》」や諸家の系図、さらに大崎氏関係の遺跡・遺物等をも参考に可能な限り大崎氏の実態に迫り、その栄光と滅亡の歴史を明らかにしようとする。今後の大崎氏研究、ないし奥羽政治史研究に役立てば幸いである。

凡例

編集部

一、本書は、佐々木慶市『奥州探題大崎十二代史』(今野出版企画株式会社、一九九九年)を、弊社刊行のシリーズ「中世武士選書第53巻」として再刊するものである。

二、再刊にあたって書名を『奥州管領斯波大崎氏　難敵に挑み続けた名族』と改めた。

三、編集にあたっては読者の便を考慮し、原本に左記のような訂正を加えた。

①章見出し・小見出しについて追加や訂正を行った。

②誤字・脱字の訂正並びに若干の文章の整理を行い、大幅にふりがなを追加した。

③本文中に掲げた表・図版は、旧版を参考に新たに作成し直した。

④写真は旧版より追加・削除を行った。

⑤旧版では本文中に史料の翻刻を引用・掲載していたが、読みやすさを考慮し、適宜、史料翻刻は巻末にまとめた。

⑥註は意味を変えないようにし、本文中に組み込んだ。

四、本書刊行にあたり、著者の著作権継承者である関弘子、大原道子、阿見伸子様からは再刊についての御協力を頂いた。また、写真掲載や被写体の特定にあたっては、掲載の御協力を賜った博物館・市役所・関係機関の御協力なしには不可能であった。あわせて感謝の意を捧げたい。

目次

第三章　三代・斯波詮持

第四章　四代・斯波満持

第五章　五代・大崎満詮

第十章　十二代・大崎義隆

戦国時代の東北関係図
勝山館
箱館
蠣崎氏
（松前）
松前大館
蠣崎城
津軽氏
（大浦）
種里城
波岡御所（城）
七戸城
大浦城
南部氏
堀越城
根城
三戸城
田子城
九戸城
（福岡）
檜山城
大名館
石鳥谷城
姉帯城
久慈城
九戸氏
浦城
安東氏
（秋田）
脇本城
陸奥
出羽
湊城
南部氏
豊島城
角館城
雫石御所
不来方城
（盛岡）
斯波御所
（高水寺城）
沼館城
横手城
稗貫氏
鳥谷ヶ崎城
（花巻）
小野寺氏
岩屋城
和賀氏
鍋倉城
西馬音内城
二子城
湯沢城
稲庭城
陸奥
東禅寺城
（亀ヶ崎）
観音寺城
米ヶ崎城
薄衣城

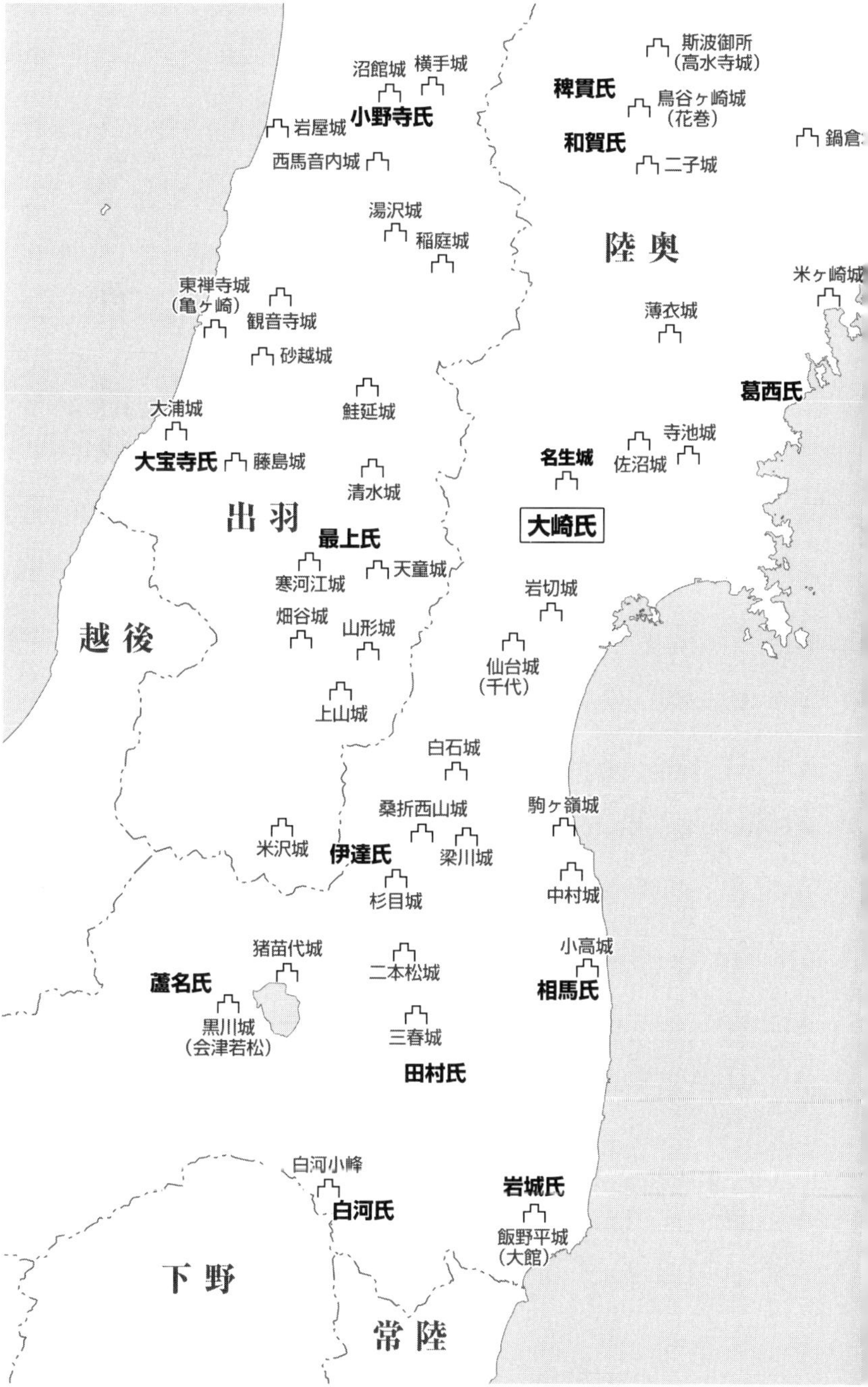

斯波御所
(高水寺城)
沼館城
横手城
稗貫氏
鳥谷ヶ崎城
(花巻)
小野寺氏
岩屋城
和賀氏
鍋倉
西馬音内城
二子城
湯沢城
稲庭城
陸奥
米ヶ崎城
東禅寺城
(亀ヶ崎)
観音寺城
薄衣城
砂越城
葛西氏
大浦城
鮭延城
寺池城
大宝寺氏
藤島城
名生城
佐沼城
清水城
出羽
大崎氏
最上氏
天童城
寒河江城
岩切城
畑谷城
山形城
越後
仙台城
(千代)
上山城
白石城
桑折西山城
駒ヶ嶺城
米沢城
伊達氏
梁川城
杉目城
中村城
猪苗代城
小高城
蘆名氏
二本松城
相馬氏
黒川城
(会津若松)
三春城
田村氏
白河小峰
岩城氏
白河氏
飯野平城
(大館)
下野
常陸

第一章　初代・斯波家兼

若狭国守護から奥州管領へ

　室町・戦国時代の奥州探題大崎氏は、南北朝時代に足利尊氏《たかうじ》の命で奥州管領として派遣された斯波《しば》家兼《いえかね》を初代とする。斯波氏は周知のように足利一門で、「尊卑分脈」「足利系図」「斯波家譜」などによれば、足利氏四代泰氏《やすうじ》の子家氏《いえうじ》を祖とし、家氏のおもな所領が陸奥国斯波郡《むつのくにしわぐん》（紫波郡）地頭職《じとうしき》であったことから、その子孫がのちに斯波氏を称した。家兼は家氏の孫の斯波尾張二郎家貞《おわりじろういえさだ》の子で、兄は高《たか》経《つね》、母は平時継《たいらのときつぐ》の娘である。延文《えんぶん》元年（一三五六）六月十三日、四十九歳没とあるから生年は徳治《とくじ》二年（一三〇七）だろう。童名は千世鶴丸《ちよつるまる》、元服して時家《ときいえ》を名乗り、のち従五位下《じゅごいのげ》、伊予守《いよのかみ》に任じた。

　小川信『足利一門守護発展史の研究』（吉川弘文館）によれば、建武《けんむ》三年（一三三六）七月、家兼は尊氏から若狭国守護《わかさのくにしゅご》に任ぜられ、兄の越前国守護・足利（斯波）高経を扶けて越前・若狭の南朝方と連戦した。同年にはいったん守護をやめ、翌年五月に再任、さらに建武五年五月に再度やめ、のちに若狭国守護となった兄の守護代になったという。康永《こうえい》四年（一三四五）八月の臨時除目《じもく》で正五位下《しょうごいのげ》に昇進した。ちなみにこのとき、のちに奥州管領となる吉良貞家《きらさだいえ》や陸奥国大将になる石橋和義《いしばしかずよし》らも正五

斯波家兼銅像　宮城県加美町

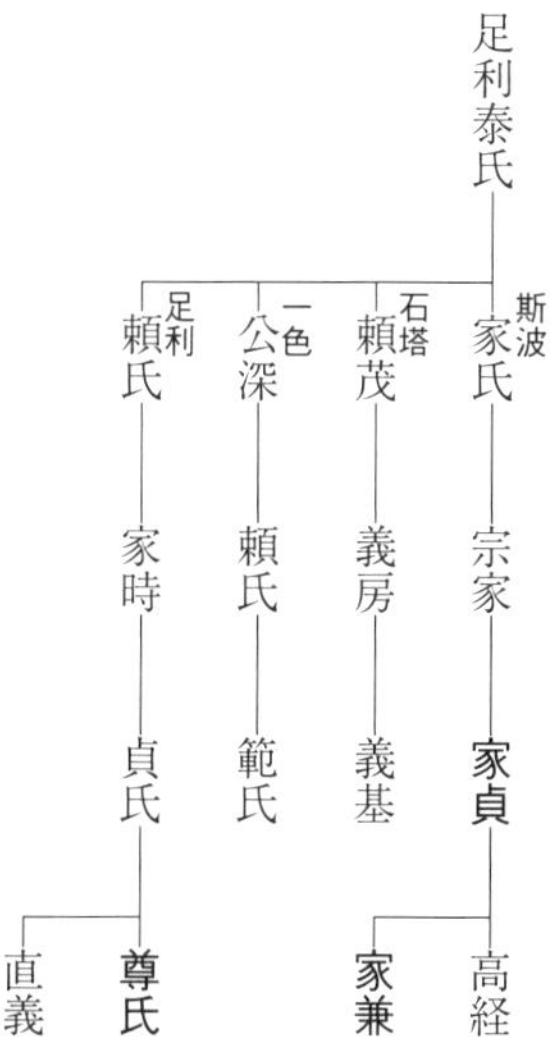

足利一族略系図

位下に昇進している（「園太暦《えんたいりゃく》」同年八・十七条）。

斯波家兼は貞和《じょうわ》五年（一三四九）八月の足利直義《ただよし》党排除の政変に伴う引付方《ひきつけがた》の改組に際し、三番引付頭人《とうにん》となり、尊氏・高師直《こうのもろなお》党の一人として幕政に参加するようになった。しかし、観応《かんのう》の擾乱《じょうらん》（一三五一）で直義党が優勢になると引付頭人の地位を失った。

その後、家兼は尊氏によって直義党の北陸制圧を牽制するため若狭国守護に派遣され、この方面に守護としての職権を行使している（「明通寺《みょうつうじ》文書」「本郷《ほんごう》文書」）。しかし、文和《ぶんな》三年（一三五四）九月に細川清氏《ほそかわきようじ》が若狭国守護となったため、奥州管領に任ぜられて奥州に下向することになった。

この家兼の奥州下向について小川信氏は、

尊氏としては従来の奥州管領吉良氏（満家《みついえ》）の奥州支配を一面補強、一面牽制し、幕府の奥州統括を強化しようとしたものである。

同時に、他方では家兼転出後の若狭国を尊氏の信任厚い細川清氏の分国とすることで、斯波一族による越前・若狭両国支配の一角をつき崩し、斯波氏勢力の分散を狙うという一石二鳥の方策であったという。けだし、妥当な見解である。

家兼が下向する直前の奥州

文和三年（一三五四）、家兼が下向する直前の奥州の状況を簡単にみておこう。

康永四年（一三四五）以来、奥州管領として権勢を振るったのは吉良貞家である。貞家は足利一門である足利義氏《よしうじ》の長子長氏《ながうじ》を祖とし、元弘《げんこう》四年（一三三四）に関東廂番《ひさしばん》の五番頭人（「建武年間記」）、暦応三年（一三四〇）に室町幕府引付頭人を歴任した。康永四年には奥州大将の石塔義房《いしどうよしふさ》に代わって畠山国氏《はたけやまくにうじ》と共に奥州管領に補せられ、多賀国府《たがこくふ》（宮城県多賀城市）に下向した人物である。観応の擾乱では直義党で、尊氏党に属した国氏を岩切城《いわきりじょう》合戦で倒し、やがて尊氏に帰順して奥州管領としての地位を維持した。貞家の奥州管領としての初見文書は、「猿投神社文書《さなげじんじゃ》」（康永四年九月廿九日大河内雅楽助宛《ちうたのすけ》　兵糧料所預ヶ状）である。

文和二年（一三五四）五月、南朝の北畠顕信《きたばたけあきのぶ》らの拠る田村郡宇津峯城《たむらぐんうづみねじょう》（福島県郡山市・須賀川市）

を陥れて奥州の大半を支配下に収めた。しかし、彼はこの年末以降に消息を絶ち、発給文書の上からみると「国魂《くにたま》文書」文和二年十二月四日伊東《いとう》左京亮《さきょうのすけ》宛書下が最後のものである。おそらく吉良貞家は、この年末か翌年早々に死亡したらしく、翌文和三年になると嫡子満家《みついえ》がその跡を継いでいる。しかし、吉良満家は父ほどの権勢はなく、これに乗じて先に観応の擾乱の岩切城合戦で貞家に倒された者たちが、勢力の挽回をはかって活動を再開した。

一方の奥州管領である畠山国氏の遺子平石丸《へいいしまる》がそうである。「松府来歴金華抄《しょうふらいれききんかしょう》」（『二本松市史』）によると、畠山国氏の自殺後、平石丸は家臣の箕輪大夫貞義《みのわだいぶさだよし》に擁されて安達太郎岳の深山に隠れ、畠山家の再興をはかっていたという。ほかにも、以前の足利方の奥州大将である石塔義房の子義憲《よしのり》も活動を再開した。石塔義憲は初名義元《よしもと》といい、「尊卑分脈」「系図纂要」などでは義基、あるいは義元と称し、官途は左馬助《さまのすけ》であるが、「相馬《そうま》文書」「飯野《いいの》文書」等にある「左馬助　義元」と「左衛門佐《さえもんのすけ》義憲」の花押が一致するところから、義憲は義基（元）と同一人であろう。

初代　斯波家兼花押

さて、畠山平石丸は、文和三年五月二十二日に白河の「白河三河守《みかわのかみ》」すなわち結城朝常《ゆうきともつね》に対して書状を送り「同心」を依頼している。聊《いささ》か代官をもって申させるが、「心事」は後信を期するというもので、結城氏側で記した端書《はしがき》には「自畠山殿状当国管領事被仰云々　文和三・六・三」とあり、平石丸が父の跡を継いで奥州管領になるための協力を依頼したことがわかる。

この書状には「追申候」として「幼少之間、不レ能二判形一、令レ為レ恐候　重恐々謹言」とある。この幼少の平石丸の要請に対し、結城氏がこれに応じた形跡は見られず、この後の平石丸の動静も明らかではない。おそらく幼少の平石丸に対し、結城氏はじめ奥羽の諸氏は協力することはなかったであろう。彼は元服したのち、畠山修理大夫《しゅりのだいぶ》国詮《くにあきら》を名乗った。石川郡《いしかわぐん》の「川辺《かわべ》八幡神社《はちまんじんじゃ》文書」には、

陸奥国石河庄八幡宮神領河辺村、急当村、沢尻村并同国会津河沼郡内佐野村等事、任二安堵及御寄進等之旨一、領掌不レ可レ有二相違一之状、如レ件
至徳元年（一三八四）六月十五日　修理大夫（判）
石川板橋左京亮殿

とあって、国詮が管領として復権したことがわかる。そして、同じく管領の吉良・斯波両氏と争った。それについては後述する。

石塔義憲が管領吉良満家を逐う

石塔義憲の場合は積極的に行動を開始した。彼は建武四年（一三三七）に奥州総大将に任ぜられた

父義房に同道し、康永四年（一三四五）までの九年間、奥州に在国した。このあと、奥州は吉良・畠山両管領の時代となる。石塔義房は関東に移って直義党として活動したが、義憲の動きは不明で、「尊卑分脈」には「与レ父令レ敵、別二両陣一合戦」とある。観応の擾乱後、石塔氏は幕府権力から排除されていたという（小川信『足利一門守護発展史の研究』）。そこで義憲は、吉良貞家亡きあとの奥州に再び来て失権回復をはかったのである。

まず、文和三年五月十八日、石塔義憲は磐城郡《いわきぐん》の飯野八幡宮《いいのはちまんぐう》（福島県いわき市）にかつて父義房が安堵した同郡の今新田村を「天下泰平・家内繁昌・所願成就」のために寄進した。六月七日には同郡中平窪村《なかひらくぼむら》も同様の趣旨で寄進した（「飯野文書」）。その真意は、神主伊賀《いが》（飯野）盛光《もりみつ》一族を味方にする狙いであった。さらに、相馬氏惣領の胤頼《たねより》に対しても六月一日、宮城郡竹城保《みやぎぐんたけじょうのほ》を安堵すると共に黒川郡南迫《くろかわぐんみなみはざま》を兵糧料所《ひょうろうりょうしょ》として預け置き、かつ一族中に配分させた（「相馬文書」）。

次いで同月六日、庶流の相馬岡田胤家《おかだたねいえ》に対しても竹城保内波多谷村《はたやむら》を安堵している（「相馬岡田文書」）。この相馬氏も、かつて義房麾下《きか》にあって軍忠を抽《ぬき》んで勲功の賞に預かったもので、義憲は再び飯野・相馬ら諸氏を味方にして再挙をはかったのである。こうして義憲は文和三年六月一・十日、管領吉良満家のいる多賀国府を急襲し、翌二十一日までの二日間、「散々合戦」した。満家は「御方無勢」によって敗れ、伊達郡の伊達宮内少輔《くないのしょう》楯に引退し、義憲は府中を占拠した。満家は、ただちに味方の国人《こくじん》衆に軍勢催促状《ぐんぜいさいそくじょう》を発した（史料1・事例は和賀郡の和賀氏に宛てたもの）。

大崎氏系図

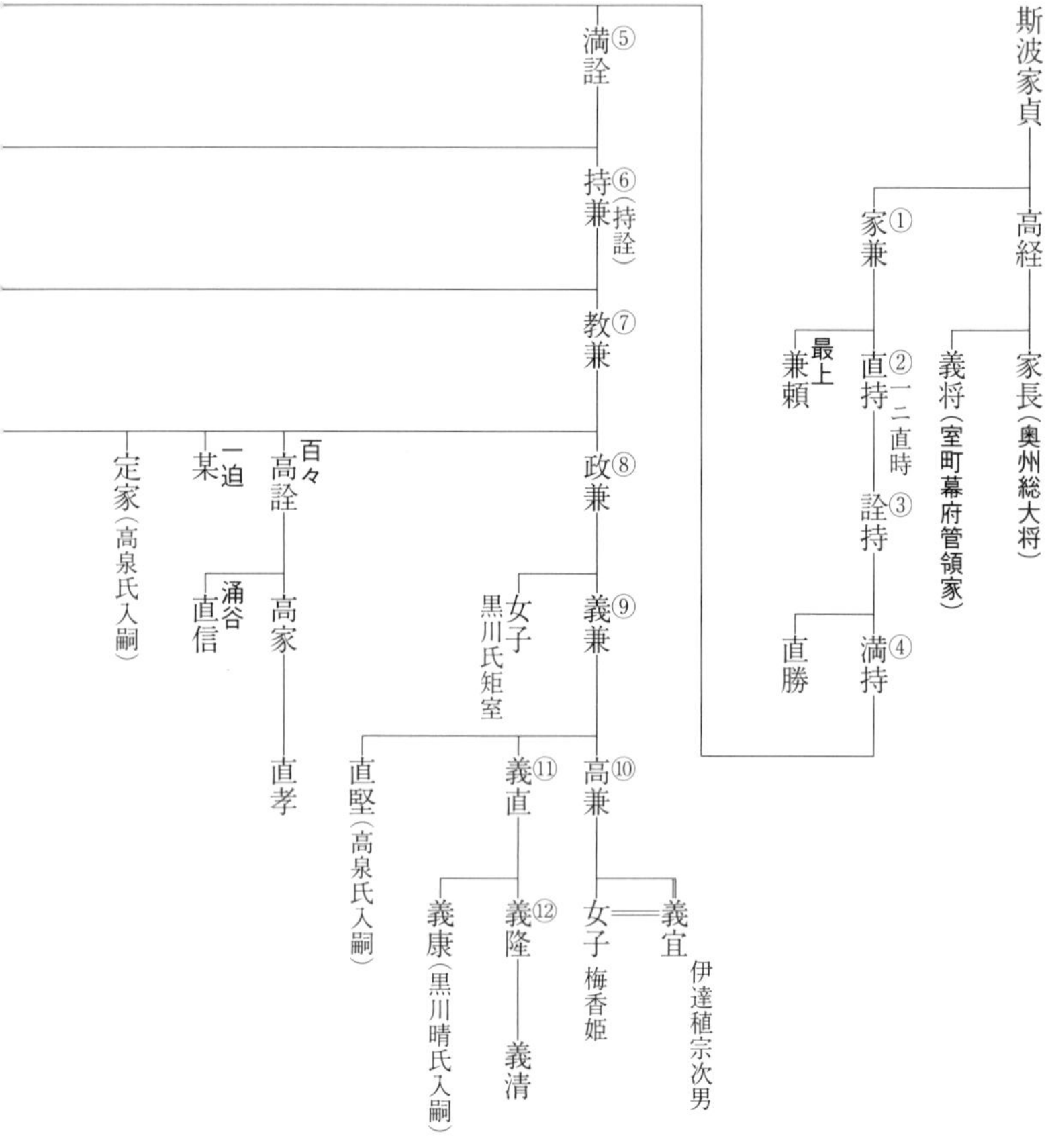
斯波家貞
高経
家長（奥州総大将）
義将（室町幕府管領家）
家兼①
直持②（一に直時）
兼頼 最上
詮持③
満持④
直勝
満詮⑤
持兼⑥（持詮）
教兼⑦
政兼⑧
高詮 百々
某 一迫
定家（高泉氏入嗣）
高家
直信 涌谷
直孝
義兼⑨
女子 黒川氏矩室
高兼⑩
義直⑪
直堅（高泉氏入嗣）
女子 梅香姫
義宣 伊達稙宗次男
義隆⑫
義康（黒川晴氏入嗣）
義清

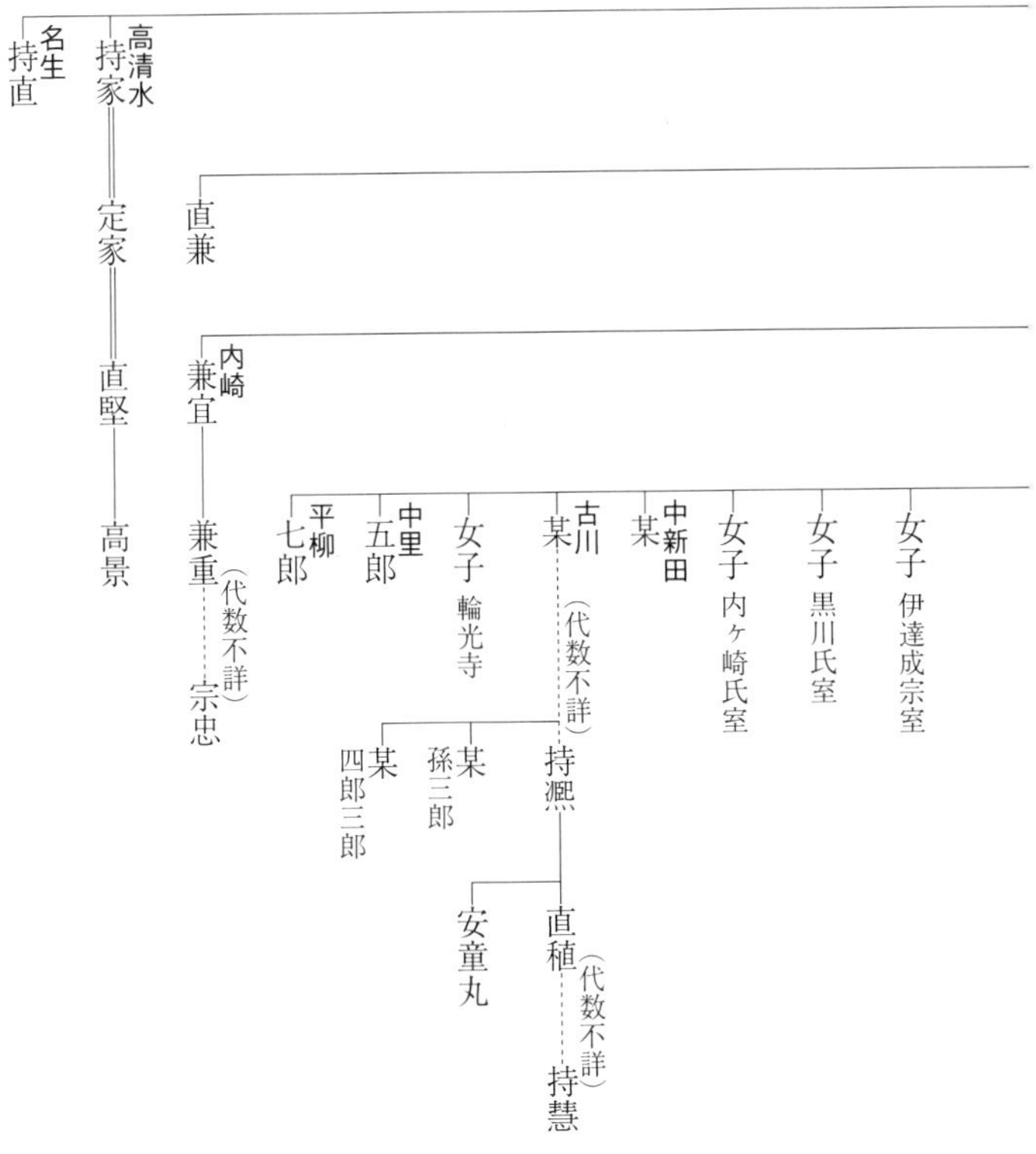

＊『地方別 日本の名族二——東北編Ⅱ』（新人物往来社、1988年）掲載の「大崎氏系図」を改変・作成

史料1にある「野心之輩《やしんのともがら》」とは、管領吉良満家の支配に不満をもつ国人たちであり、また、「凶徒《きょうと》」とは前年五月の宇津峯城陥落後、各城に潜んでいる南朝方の国人たちを指すものであろう。これに対して、府中を占拠した義憲もまた、各地の国人たちに軍勢催促状を発給した（史料2・玉造郡真《ま》山《やま》の諏訪二郎三郎《すわじろうさぶろう》に宛てたもの）。

史料2の「諏訪氏」とは信州《しんしゅう》の源姓諏訪氏のことで、家伝によると天仁《てんにん》二年（一一〇九）、奥州栗原郡金田庄《かねだのしょう》小倉沢《おぐらさわ》（宮城県大崎市岩出山町下真山）に移住し、ここに諏訪神社を勧請《かんじょう》し神主となった一族である。観応三年四月十日、諏訪左近蔵人《さこんのくろうど》は足利尊氏より軍勢催促状を受けている（「真山《まやま》文書」）。諏訪二郎三郎はその子であろう。

ちなみに、諏訪氏はのちに本貫城の信州下高井郡《しもたかいぐん》真山郷の名をとって眞山氏を称した。この一連の流れについては、拙稿「石堂氏と葉山館」（『六軒丁中世史研究』四）を参照してほしい。斯波家兼が石塔氏を玉造郡赤栄館《あかばえのたち》（御所館）で攻め滅ぼしたという伝承（「封内風土記」「大崎盛衰記」ほか）は、かなり真実性が高いと考えられる。

反撃に転じた吉良満家が国府を回復

さて、石塔義憲の府中占拠は極めて短期間で終わる。まもなく吉良満家の反撃が開始され、彼は多賀国府を回復した。七月十六日、満家はまっさきに馳せ参じた和賀常陸介《ひたちのすけ》に対して「勲功之賞」として加美郡大池郷《おおいけごう》半分除後家《ごけ》分を宛行い、和賀平内左衛門尉《へいないさえもんのじょう》にも勲功之賞として同郡名《な》（菜）切屋《きりや》郷《ごう》半分を宛行っている（「鬼柳《おにやなぎ》文書」）。また、翌文和四年三月には名取郡熊野堂《なとりぐんくまのどう》に対して名取郡南方神領分の諸公事等を免除し（「名取熊野堂文書」）、翌延文《えんぶん》元年（一三五六）六月には伊達長門入道《ながとにゅうどう》（政《まさ》長《なが》）に対して伊達郡桑折郷《こおりごう》を安堵（「伊達家文書」）、十月には岩城郡の伊賀盛光に対しても本領・当知《とうち》行地《ぎょうち》の安堵を行っている（「飯野文書」）。満家は国府において、すでに奥州管領としての職権を行使している。一方、石塔義憲の動静についてはその後、ほとんどわからず、わずかに文和二年閏十月四日多田《ただ》左近将監《さこんのしょうげん》宛の官途吹挙状（史料3）があるだけである。

　多田左近将監は興国《こうこく》六年（一三四五）十一月四日、北畠顕信より「忠功」によって玉造郡内富田《とみた》・二町目の両郷を安堵され（「多田《ただ》文書」）、観応三年（一三五二）の国府攻防戦では宮方大将《みやかたたいしょう》中院《なかのいん》と共に「府中城」の尻攻として戦った（「遠藤白川文書」文和二年五月石川兼光《かねみつ》軍忠状）。多田氏は南朝方の国人であったが、義憲はこれを味方にして再挙をはかろうとしたのである。当時の義憲の根拠地は、以前に父義房の分郡であった玉造郡で、同郡鳴子《なるこ》の葉山館《はやまのたち》（御所館ともいう）はその居館と伝える。

　玉造郡は鎌倉時代は「国領」（国衙《こくが》領）で、北条氏一門の金沢《かねさわ》氏が代々地頭職をもち、年貢として金を貢納していた（「金沢文庫文書」）。北条氏滅亡後の建武新政で玉造郡はいわゆる元弘没収地とされ、無主の地となった。石塔義房が足利方の奥州大将として来任して以来、金の産地である玉造郡に注目し、ここを分郡として経済的基盤にしていたのであろう。子の義憲が再び玉造郡に戻って、ここを根拠地にしたことは十分考えられる。

さて、奥州管領の吉良満家は多賀国府を回復したものの、石塔義憲らはなお絶えず国府を脅かし、一方、南朝の残党も各地に潜んで奥州の情勢は常に不穏であった。しかも、満家は父貞家ほどの器量もなかったので、当時、新田《にった》義貞《よしさだ》を誅伐して武功の誉高い家兼の奥州派遣となったのである。

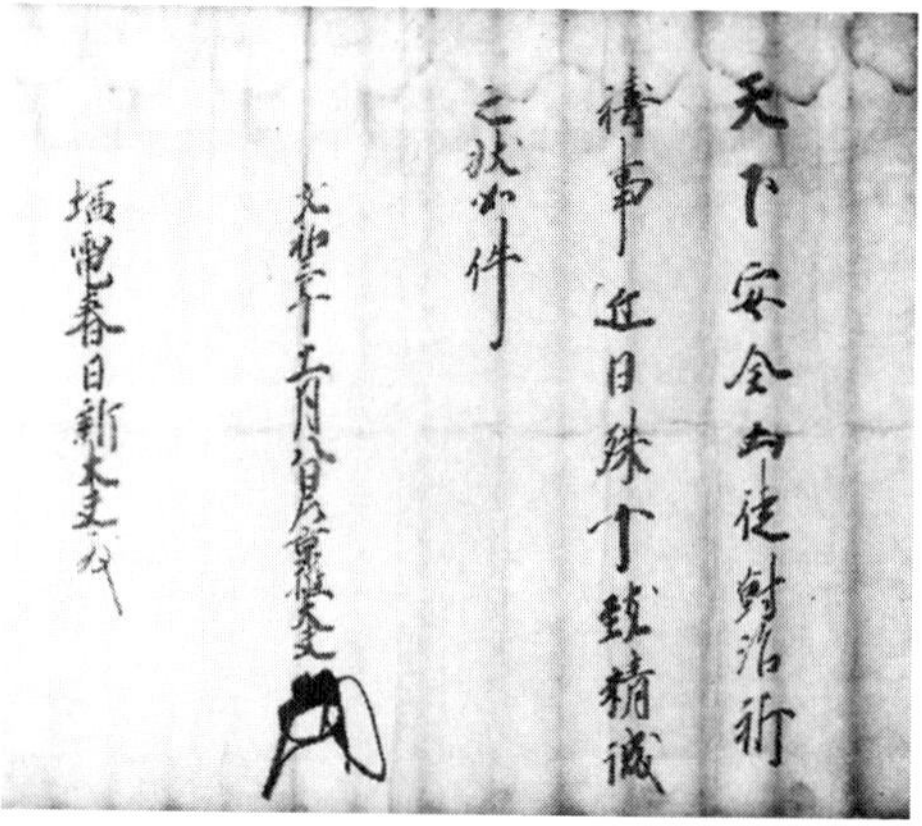
天下安全凶徒対治祈
禱事、近日殊可致精誠
之状如件
文和三年十一月八日　左京大夫（花押）
塩竈春日新太夫殿

斯波家兼書下　宮城県塩竈市・鹽竈神社蔵

家兼が奥州管領として下向

文和三年（一三五四）九月、尊氏に若狭国守護から奥州管領に転任を命ぜられた家兼は、嫡子直持《ただもち》以下の一族、および被官たちを率いて奥州に下向することになった。

十一月八日、陸奥国一宮《いちのみや》の塩竈神社《しおがまじんじゃ》（宮城県塩竈市）に「天下安全・凶徒対治」の祈祷を要請しているところを見ると（「塩竈神社文書」）、十一月初めにはすでに着任していたことがわかる。陸奥国の代々の国司あるいは管領たる者は、着任早々まず同社に祈祷する慣例であった。ここに「凶徒対治」とあるのは、南朝方の残党のほかに石塔義憲退治を指している。

現存する家兼及び同奉行人の発給文書によって彼の業績をみてみよう。まず、この年十二月二十日、彼は宮城郡南目村《みなみのめむら》（大掾《だいじょう》沢田《さわだ》平次《へいじ》跡）を石川蒲田左近大夫兼光に預け置いた（史料4）。石川蒲田氏は南奥の石川郡を本拠とする石川氏の庶流で、兼光は建武二年（一三三五）以来、足利方に属して尊氏から石川庄内本知行分を勲功の賞として宛行われた。その後、畿内・奥州等を転戦し、やがて本拠地に帰ってから吉良貞家に従って奥州南軍と戦い、貞家からしばしば所領の安堵や宛行を受けている（『福島県史』）。この「家兼預ヶ状」に見える宮城郡南目村の大掾沢田平次跡も、文和二年四月十二日勲功の賞として貞家から宛行われたもので（「秋田藩採集文書四」小瀬、赤坂家蔵文書）、同年七月二十五日、下地打渡《したじうちわたし》が実施された（同所収、櫻井秀経《さくらいひでつね》渡状）。

ところが、本主の沢田平次が立ち還って押領《おうりょう》したので、兼光の訴により八月二十九日、吉良貞家は国分淡路守《あわじのかみ》（宮城郡国分寺郷領主）と高部屋四郎佐衛門尉《たかべやしろうざえもんのじょう》を両使として、平次の押領を排除し再び下地沙汰付《さたしつけ》を命じた（「白川文書」）。平次の抵抗がかなり強かったことがわかるが、貞家の死後、管領職を継いだ子の満家の存在にもかかわらず、家兼が改めて同所を兼光に預け置いたのである。

このように頑強に抵抗した大掾沢田平次とは、いったいいかなる人物だろうか。中世の鳴瀬川・荒雄川《あらおがわ》（江合川）の流域一帯の地は河内（川）とよばれ、ここに関東御家人の流れをくむ大掾・渋谷《しぶや》・泉田《いずみた》・四方田《しほうでん》の四氏が蟠居し、南北朝時代には一揆を結んで「河内四頭」とよばれた（『宮城県中世史Ⅰ』拙稿）。

大掾沢田平次は、河内四頭の中でも有力な大掾氏の庶流であった。長岡郡の沢田を本領とし、宮城郡の南目村も彼の所領だった。長岡郡は現在の志田郡東北部および栗原郡の東南部で、文治《ぶんじ》五年

（一一八九）の奥州合戦後、畠山重忠《はたけやましげただ》が功によって源頼朝《みなもとのよりとも》より長岡郡を拝領し、重忠の滅亡後に常陸大掾氏がこれに代わり、中世を通じて栄えた地である。大掾沢田平次の所領のうち南目村が没収されたのは、おそらく、彼が観応二年（一三五一）の岩切城合戦に際し、留守氏と共に負大将の畠山国氏に味方して敗れたからであろう。勝大将の吉良貞家によって南目村は没収され、石川蒲田兼光に勲功の賞として宛行われた（『宮城県中世史Ⅰ』拙稿）。

次に、斯波家兼が吉良貞家と異なり、兼光に対して奉書による安堵ないし施行という永続的な効力をもつ形式を採らず、預け置くという直状による、いわば暫定的措置を講じたのはいかなる理由なのか。小川信氏は、家兼が預け置きの形式を採ったのは、兼光との間に「一種の恩給関係」を設定したからではないかと推定する（小川信前掲書）。しかし兼光側からみれば、むしろ不満の残る措置ではなかったか。逆言すれば、平次側は都合のよいことであったろう。私は、家兼がかかる措置を講じた背景には、河内四頭を有力な味方にしようとする家兼の配慮があったと考えている。家兼の施策には後述のごとく、この後も河内四頭はじめ河内の国人たちを重視する傾向がみられる。

留守氏に知行を安堵

次に文和四年（一三五五）四月十五日、家兼は宮城郡の留守三河松法師《みかわしょうほうし》（持家《もちいえ》）に対して、郡内の余目郷《あまるめごう》内の村々および南宮庄内の田五町九段・在家二宇、二迫内の栗原郷内平内太郎入道在家一宇・

田一町、ならびに彦五郎《ひこごろう》在家一宇・田一町等を御教書《みぎょうしょ》の旨に任せて返付する旨の施行状を発給している（史料5）。留守氏は平泉《ひらいずみ》藤原氏の滅亡後、建久《けんきゅう》元年（一一九〇）、源頼朝が陸奥国留守職に任命した伊沢家景《いざわいえかげ》の子孫である。観応二年（一三五一）の岩切城合戦に、尊氏派の奥州管領畠山国氏に味方して一族ほとんど没落の悲運に際会したが、翌文和元年（一三五二）十二月、尊氏から本領ならびに恩賞地の安堵状を得た。尊氏としても、自分に味方して没落した留守氏をそのままに見捨てておくことができなかったのであろう。

ところが、留守氏の没落中に近くの八幡《やわた》氏（宮城郡八幡庄城頭）が留守氏の所領を押領して容易に返さなかったため、文和四年四月、家兼が改めて御教書の旨に任せて元のごとく留守氏の知行を安堵する旨を留守松法師に通告したのである。貞家の管領職を継いだ吉良満家の存在にもかかわらず、あえてこれを無視して家兼が奥州管領としての職権を行使したのは、新奥州管領として家兼の権威を示すとともに、河内四頭とのちに一揆を結んだ留守氏（「留守家旧記」では、この五人の一揆を五人一揆と呼ぶ）を自己の支配下に置こうとする家兼の配慮があったとみられる。

さらに四月二十七日、家兼は大掾下総守《しもうさのかみ》と東福地《とうふくち》刑部左衛門尉《ぎょうぶざえもんのじょう》を両使に任命して、去る十五日の安堵状に任せ、留守松法師の代官に下地を沙汰付すべきを命じた（史料6）。

このとき、家兼の命を奉じて、この施行状《しぎょうじょう》を発給した管領府奉行人の左近将監ならびに藤原《ふじわら》の実名は不詳だが、吉良貞家時代の奉行人名には見当たらない。おそらく、家兼に随従して下向した家兼の被官か、新規に家兼に召し抱えられた地元の国人だろう。後述のように、この奉行人は河内の渋谷氏一門の可能性がある。

大掾下総守と東福地刑部左衛門尉

次に、両使に任命された大掾下総守と東福地刑部左衛門尉について見てみよう。

大掾下総守は、前述の河内四頭の一人で、おそらく大掾氏の惣領だろう。大掾氏は常陸大掾平良望《たいらのよしもち》の後裔で、元久《げんきゅう》二年（一二〇五）の畠山重忠の敗死後、その遺領の長岡郡《ながおかぐん》を拝領した河内で最も有力な地頭である。「吾妻鏡《あづまかがみ》」建暦《けんりゃく》元年（一二一一）四月二日の条に、その一族の平資幹《すけもと》が長岡郡小林の新熊野社《いまくまのしゃ》（宮城県大崎市宮沢の熊野社）の社僧と土地相論をしている。また、宮沢の鹿島神社蔵の懸仏《かけぼとけ》（宮城県指定文化財）に弘安《こうあん》二年（一二七九）二月「平朝臣盛幹《もりもと》男女子息等敬白」と記されている。

文永《ぶんえい》九年（一二七二）四月五日の「鎌倉幕府裁許状」によると、宮城郡八幡庄内の萩園郷の領主・飯高左衛門次郎胤員《いいだかさえもんじろうたねかず》と、庄内の蒲生郷の領主・那須肥前次郎左衛門尉《なすひぜんじろうざえもんのじょう》の境相論に、幕府から山内《やまのうち》中務三郎経通《なかつかささぶろうつねみち》（山内首藤《やまのうちすどう》氏、桃生郡《ものうぐん》領主）、高泉太郎信幹《たかいずみたろうのぶもと》の両名が検分使として派遣されている。高泉信幹はその名乗（幹の一字名）から見て大掾氏の一族であることは明らかで、同時に大掾氏の勢力が高泉（高清水）にまで及んでいたこと、高泉が大掾氏の所領である長岡郡に属していたことがわかる。高泉の福現寺《ふくげんじ》（宮城県栗原市）の境内に「平行幹《ゆきもと》」と記された弘安三年（一二八〇）の板碑が現存するが、これも高泉が大掾氏の所領だったことを示すものだろう。

さらに、高泉にある正中《しょうちゅう》二年（一三二五）の銘がある板碑や、長岡郡休塚《やすみづか》（現在の大崎市古川休塚）にある延慶《えんきょう》四年（一三一一）の板碑は稀に見る雄大かつ立派なもので、中世における大掾氏の勢力を偲ばせる。なお、これらの板碑は大崎市の文化財第四集「古川の板碑」（一九九四年）を参照されたい。

東福地氏について、私はかつて桃生郡福地村《ふくちむら》を本拠とした福地氏の一族ではないかと考えた（『宮城県中世史Ⅰ』）。しかしこれは誤りで、加美郡小野田《おのだ》の東福地氏であろう。同郡薬來山《やくらいさん》大宮寺《おおみやじ》（宮城県加美町）の「秦《はた》氏家譜」によれば、十六世貞教《さだのり》は家兼の命で郡中五社の神主となり、東福地大弐《だいに》と号したという。同氏はのちに斯波氏の有力な家臣になっている。「留守家旧記」の三代詮持切腹の段に「東福地対馬守十七人御供のうちたりしか、仙道の中塚といふ人の聟也……それより大崎へ付（着）給ふ」とある。「留守家旧記」については後述する。

河内在住の大掾氏・東福地氏、さらに後述の二代直持から下地沙汰付の遵行を命ぜられた氏家伊賀守・泉田左衛門入道も、共に河内在住の国人であるから、河内の国人たちが次第に家兼の被官化しつつあったことを示すものだ。これは、家兼が早くから足利氏の所領のある加美郡や元弘没収地の多い志田郡・遠田郡・玉造郡方面、すなわち河内地方を勢力の基盤とする意図があったのだろう。

将軍足利義詮が凶徒退治を命ずる

新たに奥州管領に任ぜられた家兼には、「凶徒退治」という重要な任務があった。文和四年（一三五五）六月二十五日、将軍義詮《よしあきら》は南奥の岩崎郡《いわさきぐん》の国人金成三郎四郎《かんなりさぶろうしろう》に対して軍勢催促状を発した（史料7）。そこには「凶徒」とあり、前述のごとく南朝方の残党のほかに石塔義憲を指す。この軍勢催促状では金成氏が家兼の指揮下に入るべきを命じており、国府にいる管領の吉良満家は将軍からまったく無視されている。彼は管領としての実権が弱体化し、家兼がすでに管領としての実権を握っていたことを示すものであろう。

さて、家兼の義憲退治は右の軍勢催促状にも垣間見れるが、根本史料の上でまだ確認することはできない。しかし、「葛西実記」「大崎盛衰記」「野史」など近世の歴史書には、いずれもこのことが記されている。たとえば、「大崎盛衰記」に「大崎左衛門督源義隆、元祖は足利尾張守源高経御弟足利伊予守家兼、花園院《はなぞのいん》の宣旨《せんじ》を蒙り、石堂（塔）刑部義房御退治のため、奥羽両国の採題に補せられ、奥州に下る。義房玉造郡赤栄山嶮岨《あかばえやまけんそ》なる所に引籠り居たりしを責め落し退治あり」とある。

右の記事にいう「石堂刑部義房」は、子息の左衛門佐義憲の誤りであることはいうまでもない。義憲は、前述のように文和三年六月二十日に多賀国府を急襲して吉良満家を追い落としたが、満家はまもなく伊達氏や和賀氏らの援助を受けて国府を回復し、義憲は本拠の「玉造郡赤栄山」に引きこもった。

ここで赤栄山について説明しよう。赤栄山は大崎市（旧玉造郡鳴子町）にある三条《さんじょう》小鍛冶宗近《こかじむねちか》伝説で知られる三条山（別名葉山）で、ここには稀にみる巨大な中世の館跡があり、昔から葉山館あるいは御所館とよばれた。御所館については、拙稿「石堂氏と葉山館」（『六軒丁中世史研究』四）を参照されたい。

一九九二年秋、私は高橋忠治氏（鳴子町文化財保護委員）や親類の遊佐巌氏らと共に、この館の下調査を行った。数段にわたる各郭や土塁・空堀、さらに畝状の竪堀や石塁まで確認することができた。その規模の雄大さは、さすがに当時の大権力者の構築した館と痛感した。おそらく、石塔義房の構築したものであろう。館の最上段の郭内（本丸）には石堂があり、石堂氏の象徴ではなかろうか。石塔あるいは石堂という名字は、石の堂塔と関係があるからだ。また、この館のある荒雄川流域の河岸段丘には大西館・山際館・萩野館・湯山館などがあるが、いずれも小規模なもので、おそらく御所館の支城だったのであろう。なお、玉造郡伏見にある「御所館」は、家兼の石塔退治の際の本陣と伝えられている（「玉造郡伏見村風土記御用書出」）。

家兼の館は多賀国府ではない

さて、家兼は来任当初、奥州のどこに居館を置いていたのだろうか。通説は多賀国府（小川信前掲書）だが、これは再検討を要する。たしかに、多賀国府は古来、陸奥国の行政・軍事の中心府で、奥州管領の居館たるに最もふさわしい場所で、家兼もここで管領権を行使したのだろう。しかし家兼の来任当時、国府には管領の吉良満家が拠り、叔父（貞家弟）の貞経、嫡男の持家らも一緒にいたであろう。満家は石塔義憲に国府を逐われたが、まもなく伊達氏・鬼柳《おにやなぎ》氏らの援助でこれを回復し、延文元年（一三五六）六月六日に尊氏の命を受け、伊達長門入道《ながとにゅうどう》政長《まさなが》に伊達郡桑折郷を安堵し（「伊達家文書」）、同年十月十七日には、岩城郡の伊賀氏宛に本領当知行地安堵状を発給している（「飯野文書」）。

貞経は延文五年四月二十八日、塩竈神社に宮城郡竹城保を寄進して願文を捧げ（「塩竈神社文書」）、貞治《じょうじ》六年（一三六七）八月には和賀鬼柳常陸入道に対して長岡郡内小野郷を宛行う（「鬼柳文書」）など、管領らしい権限を行使している。吉良持家も父満家の跡をうけ、貞治三年（一三六四）以降、「官途吹挙状」（「中務少輔《なかつかさのしょう》官途吹挙状」〈「相馬岡田文書」貞治三年八月三日〉）、感状（中務少輔感状〈貞治三年八月十一日〉）を発給するなど管領権を行使している。「中務少輔」は中務《なかつかさ》大輔《だゆう》吉良満家の嫡子持家である可能性が高い。

一方、新管領の家兼も奥州下向に際し、嫡子直持、次男兼頼以下一族・被官を大勢率いて来たであろう。したがって、家兼らが吉良一族の割拠する多賀国府や府中に同居したとは到底考えられない。家兼が国府で管領権を行使したとしても、居住地は国府以外の地に求めなければならない。これについては「留守家旧記」に記述がある。

「留守家旧記」について

「留守家旧記」とは、従来「余目氏旧記」あるいは「余目記録」とよばれたものである。中世における留守氏の歴史を記したもので、永正《えいしょう》十一年（一五一四）の撰上だが、内容から実際の成立はかつて渡辺世祐が指摘したように（『関東中心足利時代の研究』、以下『足利時代の研究』と略）、また、伊藤信氏の論文「「留守家旧記」の成立をめぐって」（『歴史』五九、東北史学会）で明らかなように、文《ぶん》明《めい》年間には成立していたようである。執筆者は、留守家代々の執事であった佐藤氏である（『水沢市史』拙稿「中世の留守氏」）。

江戸時代の延宝年間（一六七〇年代）、佐藤道豫（中世留守家執事・佐藤氏の後裔）は「留守氏家譜」作成のときにこの書物を利用したが、彼はこれを「高森由来の留書」とよんだ。明治一十年（一八八七）秋、大槻文彦氏が余目久《きゅう》右衛《え》門《もん》氏宅（岩手県奥州市）で偶然これを発見され、東京帝国大学史料編纂課では所蔵者の名前をとって「余目氏旧記」と命名し、のちに「続々群書類従」史伝部に「余目氏旧記」と題して収録された。その後、大正時代に入ってから鈴木省三氏が「奥州余目記録」と命名し、『仙台叢書』第八巻（大正十四年）に収められた。

こうして従来、この書は両者の名前でよばれてきたが、私はこの書は永正年間の留守氏当主・留守尚家《ひさいえ》に撰上されたもので、本来、留守家にあり、しかも留守氏の歴史を記したという意味で、「留守家旧記」とよぶのが妥当と考えている（写本は岩手県奥州市・小幡茂氏蔵）。以上から、本稿では「留守家旧記」とする。「留守家旧記」では、家兼ははじめ伊達郡霊山《りょうぜん》（福島県伊達市）にいて、三年後に河内志田郡師山《もろやま》（宮城県大崎市）を拠点としたというが、確実な史料がなく明らかではない。霊山は論外としても、師山はかなり確率が高い（『宮城県中世史Ⅰ』）。以下、これについて検討してみよう。

居館は河内志田郡師山

第一に、家兼が「河内志田郡師山へ御つき有しより無二無三ニ留守殿、守二大崎一候」という「留守家旧記」の記事は、留守氏と大崎氏の並々ならぬ深い関係を示し、根拠のないでたらめな記録とは考えられない。家兼が来任当初、留守氏に対して本領安堵を行ったことは前述した。

第二に、師山は多賀国府の真北、約三十キロ、鳴瀬川と多田川の合流点に面した天然の要害で、国府からさほど遠くなく、奥大道《おくだいどう》にも近く河内の入口でもある。拠点として不適当な場所ではない。

第三に、前述のように家兼は来任当初から河内の国人たちとは密接な関係にあった。家兼が拠点としたという師山は、河内四頭の筆頭である渋谷氏の領内だ。家兼と渋谷氏との関係はよくわからないが、のちに同氏（中目氏）は大崎氏の重臣になっている（後述）。同氏は先祖が相模国高座郡《こうざぐん》渋谷庄の庄司重国《しょうじしげくに》で、文治五年（一一八九）の奥州合戦に子高重《たかしげ》が従軍し、志田・黒川の両郡に所領を賜り、子孫が鳴瀬川流域一帯に栄えた。志田郡の新沼若宮八幡宮《にいぬまわかみやはちまんぐう》・牛袋慈眼寺《うしぶくろじがんじ》、加美郡の下新田五所明神《しもしんでんごしょみょうじん》などは、いずれも渋谷氏一族の信仰である（「伊達正統世次考」）。

家兼の来任当初、家兼から留守氏に対する下地沙汰付の遵行《じゅんぎょう》を命ぜられた大掾下総守と東福地刑部左衛門尉の両使も共に河内の有力国人であった。これら国人たちが、のちにいずれも大崎氏の被官化しているところから、家兼が早くから河内に本拠を置いていたことが知られ、そこが師山だということになる。家兼の石塔義憲退治も、これら河内の国人たちの協力によって可能だったのであろう。

天文《てんぶん》六年（一五三七）、志田郡古川《ふるかわ》城主古川持熙《もちひろ》の滅亡を記した文禄五年（一五九六）の「古川状」（仙台市立博物館蔵）に「然処、川《(河)》内四頭衆相談而、先採題石堂殿奉レ背、京都斯波武衛、将軍御骨肉三条烏丸下屋形左京大夫家兼、奉二号長国寺殿一、彼御方様申下、当国採題職奉レ仰」とあり、家兼の下向は河内四頭衆の要請だったことが記されている。石堂義憲の圧政に悩んだ河内四頭衆が家兼の下向を歓迎し、筆頭の渋谷氏領内の師山に彼を迎え入れたことは十分に考えられる。そういう意味で、家兼が下向して河内の師山を居館にしたという「留守家旧記」の説は、かなり信憑性が高いと思われる。

第四に、家兼は入部後、わずか二年足らずで死去したが、河内には家兼に関する伝承がはなはだ多いことも、家兼がここを拠点としていた証左になる。次に、その伝承についていくつか記しておく。

師山城跡　宮城県大崎市

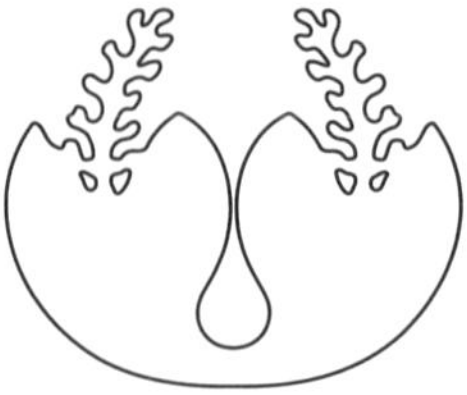

車前艸沢瀉紋

五七桐紋

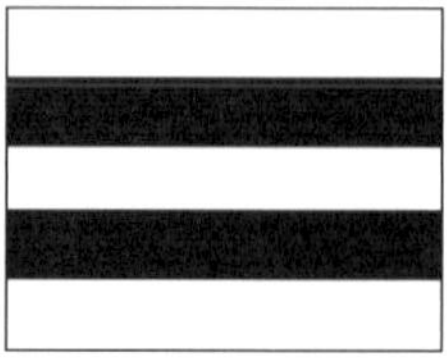

二引両

まず、家兼由緒と伝える社寺が少なくない。加美町の「大宮神社縁起」によれば、十六世円乗坊教実《えんじょうぼうきょうじつ》の代に、家兼が郡中に五人の神主を任命、教実を神主司として大宮神社に神領並びに能面五箇を寄進したという。大宮法印神楽《かぐら》として現在に伝えられている。また、当社の箱棟には沢瀉《おもたか》紋と五七桐《ごしちのきり》文が見られるが、縁起によると「大宮社箆棟置紋。古往車前艸沢瀉也。是田村将軍依二勧請之地一也。厥《ソノ》后車前艸五七桐也、是従大崎家依レ為二造営一也」とある。車前艸《おおばこ》沢瀉紋は坂上《さかのうえ》家の家紋で、五七桐紋は大崎氏の家紋である。ちなみに、斯波・大崎・最上・畠山など足利一門の家紋は五七桐文で、これは尊氏が後醍醐《ごだいご》天皇より拝領したものという。幕紋はいずれも二引両《ふたつひきりょう》である（沼田頼輔『日本紋章学』）。

家兼はまた、船形山五所山神社に十二神を祀ったという（『小野田町史』）。大崎市古川にある大崎神社は、家兼の勧請で熊野白山《はくさん》三十六所神を合祀し、大崎五郡の総鎮守にしたと伝える（『古川市史』）。また、遠田郡田尻《とおだぐんたじり》の小松寺《こまつじ》は家兼の創建と伝える（『遠田郡史』）。加美町の熊野神社は家兼に随従した笠《かさ》原《はら》氏の勧請で、家兼より神領二十五貫文を寄進され大崎五郡の一宮の称号を受けたという（『宮崎町史』）。これらの伝承は、家兼が少なくも大崎氏と大崎地方諸社寺との深い関係を有し、大崎氏の社寺興隆政策を物語るものであろう。

延文元年（一三五六）六月十三日、家兼は四十九歳で死去した（「尊卑分脈」）。法名は円承《えんしょう》、長国寺殿《ちょうこくじどの》と号す（「留守家旧記」）。長男は直持で奥州管領職を継いだ。次男は兼頼《かねより》で、父の死後、まもなく八月六日、出羽国《でわのくに》最上郡に下向して山形（山形市）を居城とし最上氏の祖となった（「寛永諸家系図伝」）。

第二章　二代・斯波直持

八幡氏が留守氏領を横領

二代目の斯波直持《ただもち》は家兼の嫡子である。彦三郎《ひこさぶろう》を襲名し、はじめ治部大輔《じぶだゆう》（「本郷文書」「塩竈神社文書」）、のちに父の官途を継いで左京権大夫《さきょうごんのだいぶ》（「塩竈神社文書」）、のち左京大夫《さきょうのだいぶ》（「相馬文書」）となり、家兼の死後に奥州管領を継いだ。近世に編さんされた「会津四家合考附録」の「大崎家譜」に記す「刑部大輔《ぎょうぶだゆう》」や「伊達正統世次考」に記す「式部大輔《しきぶだゆう》」は、すべて誤りである。

彼は、早くから父家兼に従って若狭で軍忠を致したことが知られている（小川信氏前掲書）。だが、家兼の奥州下向に従い、その奥州経営をたすけた。奥州へ下向以後の直持の発給文書は、現在のところ文和五年（一三五六）二月二十五日、塩竈社への「馬一疋奉加状」が最初のものである（史料8）。

爾来、貞治六年（一三六七）九月三日、「石川駿河守《いしかわするがのかみ》宛施行状」（「飯野文書」）まで計二十七通（年未詳文書三通を含む）が残されており、直持の奥州管領としての職権や活動を知ることができる。

まず、幕命を奉じて国内の地頭たちに対する所領の宛行、ならびに下地沙汰付の施行がある。家兼死後の延文元年（一三五六）十月二十二日、斯波直持は大掾下総守と氏家彦十郎《うじいえひこじゅうろう》を遵行使《じゅんぎょうし》（両使）

として八幡氏の押領を排除し、宮城郡内の余目郷以下の留守領の下地を留守氏に渡すことを命じた（史料9）。八幡氏は留守氏の隣人であるが、観応の擾乱後、留守氏が一時没落したのに乗じて留守領を押領していた。すでに、家兼の代の文和四年四月二十七日、大掾下総守と東福地刑部左衛門尉を両使として留守氏への返付が命じられていたが、八幡氏はこれに抗して容易に返さなかったため、再度、直持が下地返付を命じたのであった。

新たに両使の一人に任命された氏家彦十郎は秀郷《ひでさと》流藤原氏で、下野国《しもつけのくに》氏家（栃木県さくら市）を本貫の地とし、氏家基秀《もとひで》を祖とする。基秀の三男基近《もとちか》は寛元《かんげん》年中（一二四三～四五）に将軍藤原頼経《よりつね》の命で足利家氏（斯波氏祖）に属して父基秀と共に陸奥国斯波郡に下向、以後代々、氏家氏は斯波氏に仕えた（「萩藩閥閲録《はぎはんばつえつろく》」巻三四、草刈《くさかり》氏の条）。彦十郎の祖父か父と思われる氏家十郎入道道誠《じゅうろうにゅうどうどうせい》は建武四年（一三三七）、斯波家兼の次子兼頼《かねより》（幼名、竹鶴丸《たけつるまる》）の代官として相馬氏らを率いて奥州の南朝方と戦っている（「相馬文書」暦応二年三月廿日氏家道誠注進状案）。

氏家氏は家兼の奥州下向に随行し、石塔義憲の退治後は玉造郡の岩手沢城主として玉造郡に勢力を張った。斯波氏代々の最大の重臣である。この氏家氏を斯波氏（のちの大崎氏）の「監司」（目付役）とする「伊達家治家記録」（「貞山公治家記録」）巻之二にある天正十四年（一五八六）十二月条の按文は、まっ

二代　斯波直持花押

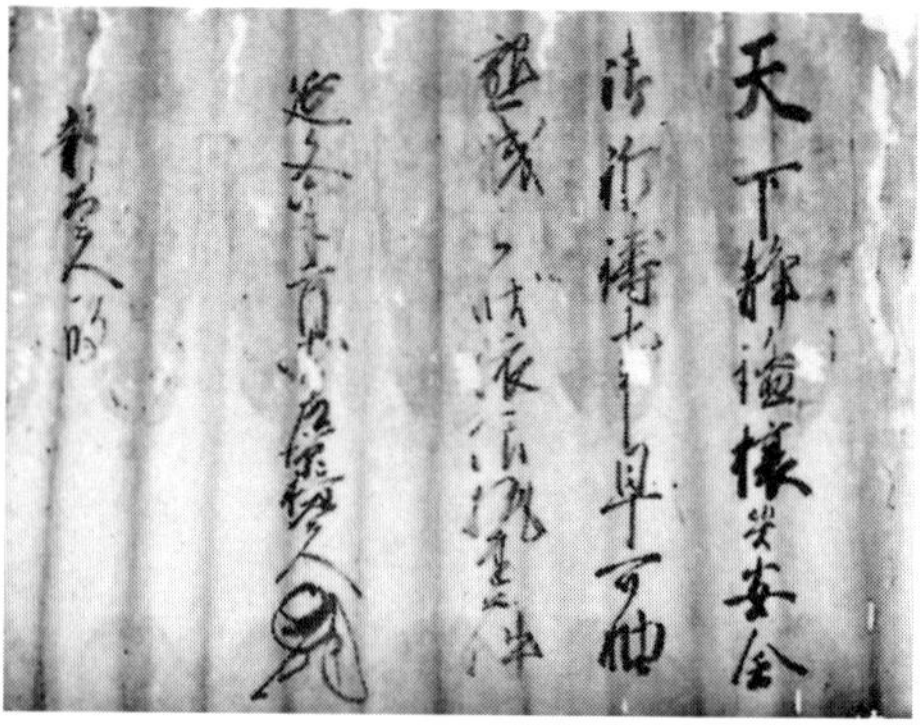

斯波直持奉書　宮城県塩竈市・鹽竈神社蔵

たく根拠のない誤りである。

さて、直持の再度の催促にも屈せず、八幡氏はなおも留守領の押領を続けたので、康安《こうあん》元年（一三六一）七月六日、さらに直持は泉田左衛門《さえもん》入道と氏家伊賀守《いがのかみ》を両使に任命して下地打渡を八幡氏に命じた（史料10）。

泉田左衛門入道は河内四頭の一人で、河内北方の国人領主、秀郷流藤原姓で、はじめ二階堂《にかいどう》氏を称し、鎌倉の二階堂の住人で、二階堂行光《ゆきみつ》が和田義盛《わだよしもり》の乱後その遺領の栗原郡三迫を知行している（「吾妻鏡」）。ただし、泉田氏を称した事情や泉田の所在については明らかでないが、河内四頭の一人であることから河内の有力国人だったことは確かである。両使の一方の氏家伊賀守は、さきの氏家彦十郎とおそらく同一人であろう。

この後、なお曲折があって、尊氏の下文および直持の施行状によって留守氏の本領が回復されたのは三年後の貞治三年（一三六四）十一月十日のことであった（史料11）。留守氏と斯波氏（のちの大崎氏）との並々ならぬ深い関係は、こうして生まれたものだった。

相馬氏・結城氏に権限を行使

次に、相馬氏に対しては康安二年（一三六二）十月、相馬讃岐守胤頼《さぬきのかみたねより》を東海道検断職《とうかいどうけんだんしき》に任命し、貞治二年（一三六三）七月には宮城郡国分寺郷半分（国分淡路守并一族等跡内）を八幡介景朝《かげとも》跡の替地として宛行い、翌八月には再度、彼を東海道検断職に任命している。同六年正月二十五日には「勲功賞」として、名取郡南方坪沼郷内ならびに堀内郷内の地を将軍義詮の命で宛行っている（以上「相馬文書」）。

白河の結城氏に対しては、推定貞治三年（一三六四）十一月、左京大夫直持は結城三河守朝常《ともつね》の内々の申請に対し、名取郡北方内の本知行地を安堵し、その「忠節」を促している（「結城文書」）。同五年十二月二十三日には、朝常の兄で結城氏本家の当主である結城弾正少弼《だんじょうのしょうひつ》顕朝《あきとも》に対して、正式に幕府からの発令があるまでの間、陸奥国高野郡《たかののぐん》の知行を安堵した（「白河証古文書」）。同日、さらに陸奥国小野保半分地頭職を宛行い、翌年二月、将軍義詮は御判御教書《ごはんみぎょうしょ》によっていずれも承認している（「楓軒文書纂白河文書」）。白河結城氏は奥州南方の雄族だが、これに対して直持は奥州管領の権限を十分に行使したのである。同時に、このことは他の奥州武士に対しても管領の威権を示す効果があったのだろう。

以上のように、直持は国内の武士たちに対して幕命で所領の宛行や安堵を行ったが、さらに武士たちの所望によって官途や叙爵をも幕府に吹挙した。貞治三年七月二十六日、直持は相馬岡田五郎の所望によって彼を宮内丞《くないのじょう》に挙申している（「相馬岡田文書」）。官途や叙爵の吹挙は、管領のもつ権限の一つだったのである。

管領の裁判権を行使する

奥州武士たちの所領相論に対する裁判権も、奥州管領の直持がもつ権限の一つだった。その一例を挙げよう。

陸奥国岩城郡飯野八幡宮領好嶋庄西方預所《よしまのしょうにしかたあずかりどころ》の伊賀備前守盛光は、庄内の好嶋田・浦田の新田所有権をめぐって長年、好嶋村地頭の好嶋新兵衛尉《しんべえのじょう》（岩城氏一族）と争っていた。好嶋氏は、好嶋田や蒲田の新田は元来、「好嶋氏の開発によるものだから好嶋氏のものだ」との主張に対し、伊賀氏は「八幡宮領内だから八幡宮の社領だ」というのである。貞治三年（一三六四）四月、伊賀盛光は奥州管領の直持に訴状ならびに具書《ぐしょ》を提出し、改めて八幡領としての確認を求めた。これに対し、直持は好嶋新兵衛尉に至急、管領府（国府）に出頭し盛光と対決するよう召文を発した（「飯野文書」史料12）。

これに新兵衛尉がどう対応したのかはよくわからないが、この後、彼は仔細を申して将軍御教書を賜り、新兵衛尉の勝訴に終わったかに見えた。しかし、この年六月一日、彼は正規の手続きをとらず勝手に社領内に「乱入狼藉」したため、伊賀盛光はただちに管領の斯波直持に訴えた。そこで直持は、岩城氏惣領の岩城周防前司《すおうのぜんじ》隆教《たかのり》に対して真偽を尋問したところ、隆教の請文・誓文は「狼藉之篇無二異儀一」ということで、新兵衛尉の敗訴が決定した。直持はこの年末、伊賀氏と岩城氏の両者に対して奥州管領としての裁許状を発給し、一件落着した（史料13　岩城周防守宛の直持裁許状は略す）。

管領としての軍事行動

直持は奥州管領として当然のことだが、軍事指揮権も有した。しかし、奥州下向以後の現存文書には直持の軍勢催促状・軍忠状《ぐんちゅうじょう》証判・感状《かんじょう》などはほとんど見られず、軍事行動は具体的にはよくわからないが、間接的には彼の軍事行動に関する史料がいくつか見られる。まず、「岡本文書《おかもともんじょ》」に史料14の着到軍忠状がある。

岡本氏は、鎌倉時代より代々、南奥の岩崎郡皮成村の地頭職を有した同郡の有力者だが、「糠部御《ぬかのぶご》発向《はっこう》」に際して従軍の命を受け「郡内同心」して、康安元年（一三六一）九月二十五日、長岡郡の高泉に参陣した。「糠部御発向」とは、奥州北方の糠部を根拠とする南朝方の南部《なんぶ》氏一族を討伐するための奥州管領の出陣を指す。

この命令を発したのは斯波直持か吉良満家（あるいは嫡子持家）のいずれかだが、高泉に参陣したということであれば直持であろう。右の着到状に証判を与えた人物の花押は、虫喰いのため判然としないが、直持の花押とはまったく異なる。また、満家あるいは持家の花押とも異なる。おそらく、管領方の有力者、高泉の大掾氏ではないかと推測している。なお、この糠部討伐の経過・結果などは不明だが、二年後の貞治二年（一三六三）九月に再び糠部発向のことがあり、南部氏討伐は不首尾に終わったようである。

再度の糠部発向では、岩城郡好嶋庄西方預所の伊賀盛光の代官として子息の伊賀光政《みつまさ》が「名取御陣」に馳せ参じ、さらに「府中《ふちゅう》并《ならびに》高清水《たかしみず》御下向《ごげこう》」に供奉したことを述べている（史料15）。

奥州南方の管領軍はまず名取郡に集結し、ついで府中ならびに高清水（高泉）に進んだことがわかるが、当然のことながら府中にいた管領吉良氏も直持と連合し、両管領指揮の下に糠部遠征が行われたのだろう。右の着到状に証判を与えた人物の花押は直持や吉良満家のものとは異なり、その名を明らかにすることはできない。しかし、直持の代に糠部遠征があり、直持が吉良氏と共に出陣したことは間違いない。名取・府中・高清水（高泉）は当時、奥大道の要衝で軍事的拠点だったことが知られる。

さらに、この四年後の貞治六年早々、奥州南方で吉良治家《はるいえ》（満家の弟）やこれに同調した常陸の小《お》田《だ》時綱《ときつな》家人などの反乱があった。治家らは進んで名取郡にまで侵入し多賀国府に迫ったので、将軍義詮は事を重大視し、同年四月、白河の結城氏惣領の顕朝に宛てて御判御教書を発給している（史料16）。

吉良治家は、奥州管領だった兄満家の死後、康安元年（一三六一）十二月十五日、岩城部の大国魂《おおくにたま》神社《じんじゃ》神主の山名下野守《やまなしもつけのかみ》に対し知行分の年貢公事を免除し、貞治五年（一三六七）十二月九日にはさらに国魂新左衛門尉《くにたましんざえもんのじょう》に対して相伝の国魂村地頭職を安堵している（「大国魂神社文書」）。

こうして岩城郡の国人たちを味方に勧誘する一方、岩城郡に隣接する常陸国の国人たちにもはたらきかけたと見え、貞治六年に常陸前司の小田時綱の家人などが治家に同心して、陸奥国高野郡に打ち入った。小田氏はかつて南朝の柱石であった北畠親房《ちかふさ》に仕え、その家人などは南朝方の残党でもあるだろう。彼らが蜂起したので、将軍義詮は事重大とみて、とくに尾張式部大夫宗義《おわりしきぶだゆうむねよし》（石橋氏）を鎮圧の大将として派遣した。

ところが、治家らが名取郡にまで侵入したので、将軍義詮は時綱家人らの「悪行」はとるに足らず、治家討伐が先決として、宗義に改めて治家討伐を命じた。宗義は「両管領」と「談合」して合戦するよう重ねて御教書を発給した。そして白河の結城顕朝に対し宗義に同道して治家を討伐し、そののちに時綱家人たちを退治するよう命じたのが、この義詮御教書である。

さて、文中に見える「両管領」とは、奥州管領の斯波直持と吉良持家を指している。この両管領は治家討伐の大将である宗義と談合して合戦するよう命ぜられたが、このときの直持の軍事行動についてはよくわからない。一方の吉良持家は、治家討伐の以前だが、貞治三年八月に出羽へ発向して南朝方と戦ったことがわかる（「相馬岡田文書」貞治三年八月十一日吉良持家感状）。

以上、直持も奥州管領として軍事指揮権を有したが、具体的にはよくわからない。なお、直持の弟の兼頼は、父家兼の死後まもない延文元年（一三五六）八月、出羽国最上郡に出向して山形を拠点とし、最上氏の祖となった。出羽国は陸奥国と同様に奥州管領の管轄下にあり、直持の代に陸奥国は直持、出羽国は兼頼と管領職を分割したのであろう。同時に、北畠顕信麾下の出羽の南朝方を鎮圧する目的もあった。貞治三年八月、兼頼は加美郡の倉持兵庫助入道《くらもちひょうごのすけにゅうどう》に対し、勲功の賞として出羽国山辺庄内塔見参分一を預け置く将軍御教書を施行している（史料17）。おそらく、倉持氏が兼頼の指揮下に入り出羽で軍忠を致したのであろう。

その他、管領の任務

幕府直轄領の年貢を進納するよう地頭等へ催促することも、管領・斯波直持の任務だった。前述の岩城郡好嶋庄は、鎌倉時代に関東《かんとう》御《ご》領《りょう》として年々、鎌倉幕府に年貢帖絹百五十疋《ひき》代四百五十貫を進納したが、足利尊氏は幕府創設以来、この伝統をひき継いでいる。

貞治四年（一三六五）十月三日、直持は幕命によって、好嶋庄西方預所の飯野備前守（盛光）と当庄地頭中の両方に対して年貢帖絹百五十疋を早く幕府政所《まんどころ》に究済するよう命じている（史料18）。

しかし、預所飯野（伊賀）氏の催促にもかかわらず庄内の地頭等が応じないため、十月二十六日、直持は改めて盛光に対し明春二月十日以前に必ず納付するよう命じ、未納の地頭等に対しては厳重処分すべきを命じた。なおも地頭等はこれに応じなかったため、十二月九日、盛光は「御奉行所」（直持の奉行所、多賀国府）に対して「不レ及二是非左右一候」とどうにもならない状況を報告している。翌貞治五年三月十八日、四月二日、五月十二日の三度にわたり直持は盛光や地頭等へ、なおもおどかしをかけて催促したが、地頭らの抵抗がはげしく年貢進納の件は容易でなかったようである。国中の地頭や国人たちの力がしだいに高まり、上級権力を無視しつつあった当時の社会情勢を反映している。

次に、国内諸社寺の保護・祈祷なども管領の重要な任務だった。初代家兼死亡の前後、文和五年（一三五六）二月二十五日、直持は塩竈社假殿《かりどの》造営に際し、馬一疋を奉加している（「塩竈神社文書」）。父家兼の跡を継いで奥州管領・左京権大夫《さきょうごんのだいぶ》となった直持は、延文六年（一三六一）、塩竈社に「天下静謐、穣災安全」の祈禱を幕命を奉じて行っている。さらに同年九月三十日、岩崎郡の禅福寺《ぜんふくじ》（福島県いわき市）に対し「御祈祷所」として同郡野田村内の田在家等の公事課役を免除した（『福島県史』「禅福寺文書」）。貞治二年（一三六三）九月には、岩城郡の飯野八幡宮及び社領等に軍勢以下甲乙人《こうおつにん》等の濫妨狼藉を禁制し、翌十年十三日には神主に対して「御祈祷精誠」を命じた（「飯野文書」）。

貞治六年（一三六七）九月、直持は石川郡の石川駿河守に対して、富部外記《とんべげき》と共に早く岩城郡内の河中子の下地を岩崎宮内少輔泰隆《くないのしょうやすたか》に沙汰付するよう命じた（「飯野文書」）。これを最後として現在、直持の発給文書は見られない。この後、直持の嫡男詮持《あきもち》が応安《おうあん》五年（一三七二）十一月に奥州管領として相馬讃岐二郎《さぬきじろう》（胤弘《たねひろ》）に宮城郡内の高城保《たかぎのほ》内赤沼郷《あかぬまごう》を「元のごとく安堵する」という安堵状を発給している。おそらく、この五年の間に直持は死亡したのであろう。

宮城県美里町牛飼に現存する応安四年の大板碑は、法華経の信仰によって仏道の決定・所願成就を祈ったものである（『小牛田町史』）。その雄大なこと、さらに内容・筆蹟共に他に類例を見ない優秀なもので、おそらく直持の逆修卒塔婆《ぎゃくしゅそとば》ではないだろうか。牛飼地区は斯波氏の拠点師山から東方五キロにあり、碑銘の最後の部分にある「諸旦施主等敬白《しょたんせしゅらけいびゃく》」とあるのは、直持ほか斯波氏関係の人びと

応安の板碑銘文

梵字（聖観音）

梵字（阿弥陀）

梵字（勢至菩薩）

於㆓我関(カ)度後㆒　応㆑受㆓持此経㆒

是人於㆓仏道㆒　決定無㆑有㆑疑

夫以一乗空□□□□代扶桑辺域塔婆観底月
昭濁世瀬涯野光底欲□沖規□測者歟伏惟僧俗二躰之
諸旦主等楽園隠亀之人身徳日域曇花之仏教□経解脱□□不
不聴声覚悟義不□如何就中四要品者法花之肝心品也

應安四年辛亥時座□天冬敬白

出穏之利会依之諸旦主等毎年不闕此経本云為読誦者也仍
現世安穏後世□而無□□□随而面々各々之所願一々
令成就□所□□諸□霊必皆□処脱之益預□□□
仍乃至普皆平等抜済故也□□之諸旦施主等敬白

応安の板碑　宮城県美里町

であろう。直持の法名は「留守家旧記」に「大興寺殿《だいこうじどの》」、「仙台武鑑」所収の「大崎家系図」、『大日本城名辞書』所収の「大崎家譜」等にも「大興寺殿」と記し、「大崎・最上・黒川及支流家譜」（仙台、伊東きよめ氏蔵）には「法名円慶《えんけい》・孝勝寺殿《こうしょうじどの》」とあるが、大興寺殿が正しいであろう。

第三章　三代・斯波詮持

南北朝末期の奥州情勢

詮持《あきもち》は直持の嫡男で彦三郎《ひこさぶろう》を襲名した（「尊卑分脈」）。はじめ左衛門佐《さえもんのすけ》（「相馬文書」応安五年十二月二日）、のち左京権大夫《さきょうごんのだいぶ》（「相馬文書」応安六年九月十八日）、左京大夫《さきょうのだいぶ》（「留守文書」嘉慶二年十一月十四日）となった。応安四年（一三七一）頃、直持の跡を継いで奥州管領となっている。詮持の時代は南北朝内乱の後半期から室町時代初期にかけて、おおむね三代将軍義満《よしみつ》の時代に相当する。十四世紀末である。

当時の奥州情勢は、文和二年（一三五三）五月の宇津峯城陥落後、北奥に拠っていた南朝方の大将北畠顕信は、その発給文書から見ると貞治《じょうじ》元年（一三六二）頃まで活動したが、その後は明らかではない。糠部八戸《はちのへ》の南部氏がわずかに南朝方として北奥に勢力を保っていた。また、かつて吉良氏と並んで奥州管領だった畠山氏は観応二年（一三五一）、岩切城合戦で国氏が自刃後、遺子の平石丸が安達郡《あだちぐん》に逃れて再興をはかり、修理大夫国詮を名乗って再び管領職をねらっていた。

一方、奥州管領の吉良氏は貞家の子満家の夭折後、叔父の貞経《さだつね》（貞家弟）、弟の治家《はるいえ》、嫡子の持家《もちいえ》らとの間で管領職の相続をめぐって内訌が起こり、一族が分裂。とくに治家などは幕府から追討の対象となった。こうして、吉良氏も今や以前のような権勢はなくなった。わずかに長老の貞経が貞治六年（一三六七）八月十六日、岩切城合戦以来の盟友である和賀鬼柳《わがおにやなぎ》入道《にゅうどう》を味方にするため、長岡郡《ながおかぐん》小野郷《おののごう》を宛行うなど管領らしい行動をとり、管領復活をねらう畠山国詮と対立していた（「鬼柳文書」貞治六年八月十一日吉良貞経所領宛行状）。

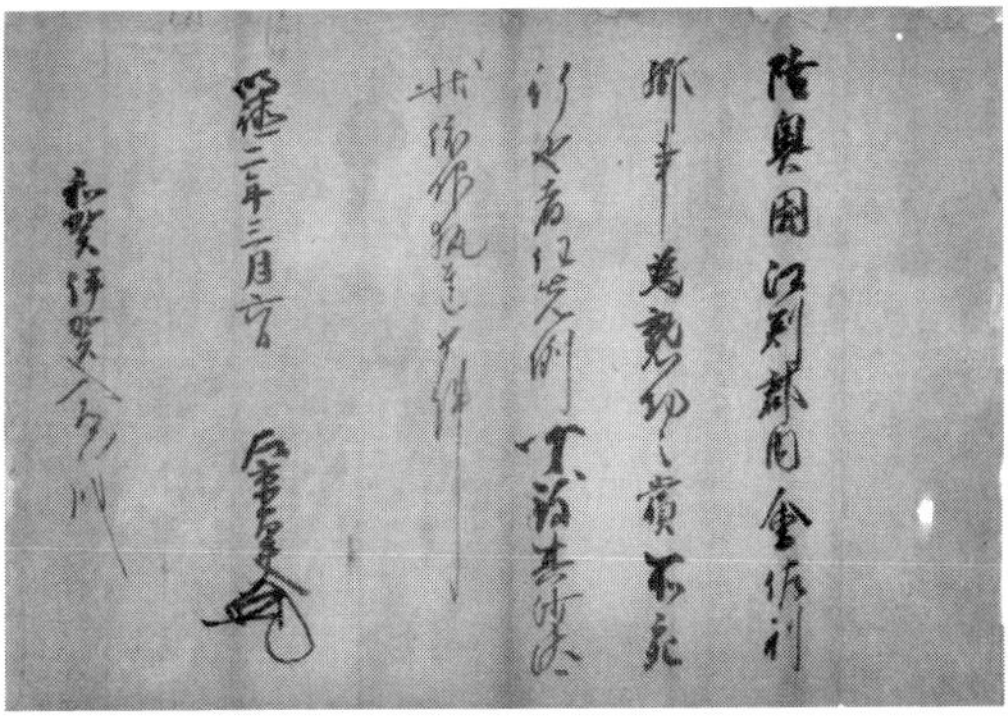

斯波詮持施行状　「鬼柳文書」　東北大学大学院文学研究科日本史研究室蔵

この吉良氏の衰退に代わって、その補強勢力として新たに奥州史上に登場したのが、尾張式部大夫宗義《しきぶのだいぶむねよし》（石橋棟義《いしばしむねよし》）である。彼は、前述のように吉良治家追討のため貞治六年早々、将軍義詮から大将として派遣され、乱平定後も奥州に留まってのち陸奥守《むつのかみ》となった。所領安堵・所領預置・軍勢催促・禁制《きんぜい》など多くの発給文書を残し、父和義（法名心勝）も一緒に彼を補佐した（「相馬文書」「和賀稗貫両家記録」等）。名取熊野堂《なとりくまのどう》の一切経奥書《いっさいきょうおくがき》に、康暦二年（一三八〇）六月一日「当国大将石橋殿源棟義」とあり、棟義の任務は主として軍事指揮権にあり、管領のもつ所領宛行・官途挙申等はなかったようだ。この点、管領とは職権を異にしたようである。

三代　斯波詮持花押

再び吉良氏と畠山氏が争う

詮持が管領職を継いだ頃の奥州は、以上のように足利方の権力者としては石塔《いしどう》氏がすでに消え、詮持のほかに吉良・畠山・石橋の三氏が勢力を競っていた。これについて「留守家旧記」には「中比、奥州ニ四探題也、吉良殿、畠山殿、斯波殿、石塔殿とて四人御座候」とあるが、「石塔殿」は石橋殿の誤まりだろう。とくに吉良・畠山の両氏は観応二年（一三五一）の岩切城合戦以来、宿敵の間柄で、応安六・七年（一三七三・七四）、詮持の代に両者が再び相争ったのである。吉良貞経と畠山国詮の戦いで、いわば第二次吉良・畠山合戦である。この戦いで詮持は吉良氏に味方して畠山氏と戦い、詮持の執事岩手沢の氏家氏は畠山氏に味方した留守氏と戦った。これについては「留守家旧記」が詳細に記している。

　或時吉良殿、畠山殿とり合也、吉良殿ハこま（駒）崎ニ控給ふ、畠山殿長岡郡澤田要害へ打入給ふ、大崎ハ近所也、大崎より打出、羽黒堂山、長岡之地蔵堂山に陣を取給ふ之間、こらへかね、すでニ長世保卅番神ニ築レ館給ふ、従大崎勢鉢森ニ取レ陣、しかま河ヲへたて、其間一里へたて候、せいひやう（精兵）遠矢をいる、なかさし（中差）ニて家之侍をい（射）ころす、矢一ニて彼城引退、竹城保之内長田ニ築城、又吉良かたより日々とり合なり、葛西れんせい（蓮聖）の十六番め子、富澤の先祖右馬助とて、所帯の一所も不レ持、こうとうはかりして候よし、又うハかた（上形）先祖かいめう（戒名）しゅさんとて、是も在

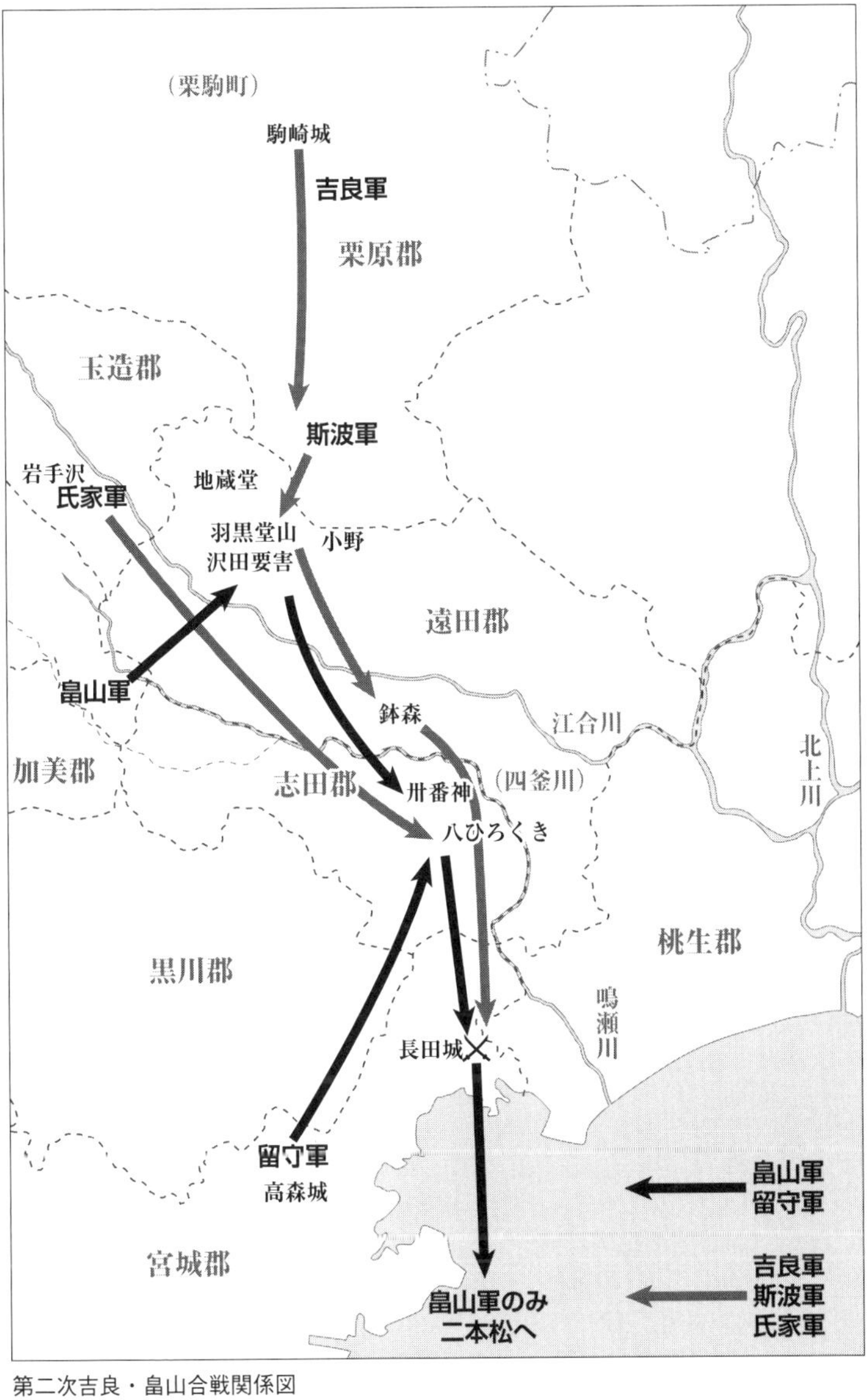

第二次吉良・畠山合戦関係図

家ノ一宇も不レ持、但かの仁ハ内力候よし、有時雨中ニ徒然のあまりニ、典厩しゆさんの方へ立越て云、余もか程の国あらそひの御弓矢ニ、侍と成て身ヲもたさるハ口惜しといは丶、しゆさん如何とたつね候ニ、馬具足ヲはもち候ハ、やすかるべしといふ、しゆさんさらハそれかししち（質）ニ取候具足、同馬一疋供進へしとて、二人奉公ニいつ、但一所ニ罷出候てハ、自然軍無曲してハかなふまし、吉良、畠山御両所へ可罷出也、一方かち給候ハ丶、こ丶ろへヲもって何も身をもつへしと思案をめくらし、しゆさんハ畠山かたへいて、なかた（長田）の城ニこもる。てんきう（典厩）ハこまさき（駒崎）へいて、吉良殿ニ奉公す、しゆさんひそかニいて、典厩ニいはく、明日調儀ヲさせたまへ、（中略）てんきう吉良殿ニ参て、明日彼城責られへし、それかしさきかけを仕、やすく御本意をとけへしと申、さらハとて御調儀有て、そのことく破給う間、三間ハ海也、落所なくして舟ニてかいとうへおち給ひて、其儘二本松殿ニ成給ふ、其時の忠節ニより、う（上）ハ方ニハ二迫三国郷ヲ被レ下、富澤ニハ三迫とみさハの□□を給る、其後いせいいやましニて、富沢、三迫高倉庄七十三郷、西岩井のこほり卅三郷のぬしたり、う（上）ハ方ハ二迫栗原小野松庄廿四郷今ニ知行ス、吉良殿ハ大崎御いせい（威勢）いたる間、弓矢ヲすて、是も安達郡へのほり、しほの松卅三郷斗持給ふ

これによれば、この戦いのときに吉良貞経は栗原郡の駒崎《こまさき》（宮城県栗原市）を本拠にしていたことがわかる。おそらく、従来、吉良氏に忠誠を尽くしてきた和賀郡の和賀氏との連繫のためであろう。

これに対して当時、加美郡を分郡とした畠山国詮は、貞経攻撃のために北上して長岡郡の沢田要害《さわだようがい》に

打ち入った。しかし、近所の小野は斯波詮持の本拠地（後述）であり、詮持はただちに出動して羽黒《はぐろ》堂《どう》山（小野の近所）、長岡の地蔵堂《じぞうどう》山に陣を取って構えた。そのため国詮はかなわずと見て引き返し、長世保《ながせのほ》の三十番神（大崎市松山次橋山王の日吉神社）に館を築いた。

しかし、斯波詮持軍も色麻川《しかまがわ》（鳴瀬川）をへだてて鉢森《はちのもり》（遠田郡美里町彫堂の蜂谷森公園）に陣したので、畠山国詮は最後に竹城保の長田城（宮城県松島町磯崎長田）にたてこもったが、吉良貞経に攻撃されて敗れ、海路、本拠の二《に》本松《ほんまつ》（福島県二本松市）に逃れたというのである。竹城保の長田郷は相馬胤弘の所領であり（「相馬文書」）、この戦いで胤弘が国詮を応援したことが知られる。

羽黒堂山　宮城県大崎市長岡

一方の管領・吉良氏の没落

なお、この吉良・畠山戦当時、宮城郡の留守氏は畠山氏に味方したという。「留守家旧記」に、

十一代駿河守家明十七年、畠山殿かたをいたし、八幡介、家明のあねむこ也、十八ニ成、長世保長尾郷八ひろくき（大崎市松山長尾）と申候所ニ取レ陣、其勢七百余騎也、氏家三河守、

其頃当国の執事もたれ候間、岩手さハ（大崎市岩出山）より手勢三百余騎ニてはせつき、日之内に七度陣をやふり候、火をやる程もなくして、互七度やふられ候、留守・八幡両人、十七、十八ニて馬はなれ、一所へおちあひ候、被官一人も供いたすへき様なく候所ニ、童名をさいまつ孫二郎と申候中間一人、家明の供仕候、氏家方、家明の陣屋の口まて馬をかけよせ、太刀のめぬきをうちおり、陣屋の内へさかさまにたつ、てきも味方も可レ取やうなし。其時、岩手澤吉田の道場時衆飛入、重代太刀取られ候、七度合戦候へ共、無レ隙候て、つゐに陣屋に火をかけすして、治二合戦一候て引退、乍レ去、（佐藤）兵庫助打死ス　彼人うたれ候斗ニて、留守まけ軍と云々　八ひろくきの佐藤とハ此事也。

これによれば、宮城郡の留守氏は当時、十一代の駿河守家明《するがのかみいえあき》（十七歳）が当主で、留守氏は観応の擾乱―岩切城合戦で奥州管領の畠山国氏に味方して吉良貞家と戦い、一族ほとんど全滅の非運に際会したが、のちに尊氏のはからいで復興したという。

畠山氏との縁を断ち切れずにいたのか、家明の代に再び畠山氏に味方したのである。しかし、長世保長尾郷の八ひろくきの戦いで斯波家の執事・氏家三河守の軍と戦って敗れた。右の記事は、当時の戦闘の有様が如実に記され、極めて興味ある史料である。戦場となった「長尾郷の八ひろくき」（大崎市松山）は多賀国府の北方約二十五キロ、氏家三河守の居城である石手沢《いわてさわ》（大崎市岩出山）の東南方約二十キロの地点で、七百余騎の留守勢は三百余騎の氏家勢に敗れたのである。討ち死にした佐藤《さとう》兵庫助《ひょうごのすけ》は、留守初代家景以来、代々留守家の執事を勤めた家柄で、彼の死によって「まけ軍」になったという。

　こうして、吉良貞経も斯波詮持の応援のもとで勝利を得たが、もはや詮持の勢威にかなわず、奥州管領職をあきらめて多賀国府を離れ、奥州史上から消え去ることになった。同時に、この頃から多賀国府も陸奥国の行政・軍事の中心府ではなくなり、留守氏の単なる城下町にすぎなくなった。貞経のその後の消息はまったく不明だが、おそらく高齢のため死亡したのであろう。

　なお、一族の吉良治家は永和《えいわ》二年（一三七六）正月、鶴岡八幡宮《つるがおかはちまんぐう》に武蔵国《むさしのくに》世田谷《せたがや》郷《ごう》内《ない》上絃巻《かみつるまき》半分を寄進し、その渡付を被官の中条新兵衛《なかじょうしんべえ》入道に命じた書下を初見として、武蔵国の小領主に移行したという（小川信前掲書）。

　一方、「当国大将」の石橋棟義も至徳《しとく》三年（一三八六）十二月二日、相馬治部少輔《じぶのしょう》憲胤《のりたね》に対して名取郡南方増田郷《なんぽうますだごう》内下村（大内新左衛門尉《おおうちしんざえもんのじょう》知行）を兵糧料所として預け置いたのを最後に、発給文書はみられなくなる。石橋氏も棟義の後は、当国大将としての権力を失ったのであろう。約四十年後の正長《しょうちょう》元年（一四二八）頃は、「今日奥篠河殿、并伊達・蘆名・白河・懸田・河俣・塩松石橋也以上六人被レ遣二御内書一、伊勢守書レ之了、佐々川殿御書許ハ御自筆也」（「満済准后日記《まんさいじゅごうにっき》」正長元年十月二日条）とあるように、南奥諸氏の末尾に記される在地の安達郡塩松の一領主にすぎなくなった。

　こうして、南北朝末期には詮持がひとり奥州管領として残るのみとなった。これは斯波氏が家兼以来、河内に拠点を置き、早くから河内の国人たちを配下に収め、しかも代々の施政宜《よろ》しきを得たからにほかならない。

本拠を小野城へ移す

三代詮持時代の最大の事績は、斯波氏が本拠を従来の志田郡師山より長岡郡小野《この》（大崎市古川小野）に移したことであろう。これについては同時代史料に徴すべきものがなく、具体的なことはよくわからないが、左記の史料から詮持の小野移住の事実はほぼ誤りないだろう。

①文禄二年（一五九三）十月、及川常陸頼重《おいかわひたちよりしげ》が記したという「大崎盛衰記」に、「大崎御所五ヶ所」の一つとして「小野御所栗原」が挙げられている。

②「留守家旧記」に見える応安六、七年の吉良・畠山戦当時の斯波氏の所在地が長岡郡沢田要害の「近所」であること。小野はその「近所」である。

③「伊達族譜」（第四巻内族譜第四・仙台市立博物館蔵）の大崎六代持詮《もちあきら》（持兼）の項に「住二栗原郡（長岡郡）小野沼洲賀一、因称二洲賀殿一、法名朔昌、号二修心院一」とあり、大崎氏が長岡郡小野沼の洲賀《すが》に居住して洲賀殿を称したこと。「留守家旧記」には「自二大崎一大すか（州賀）様御さうしニて老田城へ御登（大さき五代目向上院殿之御事）」、また、七代左衛門佐教兼《さえもんのすけのりかね》の註に「是ハ洲賀御事」とある。

いずれにしても、詮持の子孫が小野に住んで「洲賀殿」と称されたことは確かである。洲賀は小野館の東南丘陵で、現在は須賀と記し、郭の跡が現存している。

④小野の附近に四代満持の菩提寺である続燈寺《ぞくとうじ》跡や、同寺ゆかりの三十の仏像が附近の小祠に現存する。七代教兼の菩提寺である龍谷寺《りゅうこくじ》の跡も小野館の西北隅にある（万城目喜一氏の教示による）。

なお、かつて『足利時代の研究』で、詮持が小野を「本拠」としたことを述べている。ただし、著者は詮持を満詮と混同している。だが、残念ながらその出典は明らかにされていない。おそらく、「大崎盛衰記」の記事によったのだろう。

小野は長岡郡の東北部にあり、北は高清水に接し奥大道に近く、周囲は沼湿地帯（中世は大崎沼という）で天然の要害をなしている。小野館趾は万城目喜一氏（古川市文化財保護委員）の調査によると、東西約三〇〇メートル、南北約二五〇メートル、標高三〇―四〇メートル。館の東南部に本丸があって土塁・空堀などが現存する。

小野城（御所）は須賀《（州）》館をはじめ東館・西館・内館等を含む広大な城郭で、いかにも奥州探題府にふさわしいものだったようである。小野区内には八日町・鍛治町など当時の地名や、一貫寺《いっかんじ》・光明寺《こうみょうじ》等の寺跡も多く、周辺には大崎氏全盛期の遺跡や遺物がかなり存在するが、その本格的調査はなされていない。

斯波詮持が師山より小野に移住した事情については、よくわからない。長岡郡は既述のように鎌倉時代から大掾氏の所領で、大掾氏は家兼以来、斯波氏との関係が深く、おそらく大掾氏の招請による

小野城跡　西からの遠望　宮城県大崎市

小野城跡　土塁　宮城県大崎市

ものではないか。小野は前述のように貞治六年（一三六七）、吉良貞経によって一時、和賀郡の和賀鬼柳常陸入道に宛行われたことがあったが、まもなく大掾氏がこれを取り戻し、詮持を迎え入れたのであろう。この間の事情についての詳細はわからない。

最後に、詮持が小野に移住した時期だが、これを特定するのは難しい。確実なのは、貞治六年八月十一日に小野郷が吉良貞経によって、和賀郡の和賀鬼柳常陸入道に宛行われたことである（史料19）。

この文書は貞経の直状で、将軍御教書と異なって貞経の意思により発給されている。したがって、絶対的な権威がある文書ではない。また、和賀鬼柳氏が小野郷を所領として支配した形跡もないところから見ると、右の文書は貞経の空証文か、そうでなければ一時的な所領宛行で、まもなく本領主の大掾氏に返付され、詮持がここに迎えられたということになる。応安六、七年頃の吉良・畠山戦の当時、詮持はすでに小野に居住していたから、詮持の小野移住は遅くとも応安五年（一三七二）頃になるだろう。これは、詮持が管領職を継いでまもなくのことである。

管領として最重要の任務を遂行

奥州管領としての詮持の治績について見てみよう。詮持の発給文書で、現存する最初のものは応安五年（一三七三）十二月二日の相馬讃岐次郎胤弘宛の本領安堵の施行状である（史料20）。

これは相馬胤弘に対し、将軍の命で高城保内の赤沼郷を本領として元のように知行すべきと命じたものである。詮持のこの種の発給文書は、すべて右のように「依レ仰執達如レ件」という奉書形式をとっていることが特徴的で、前代の直持の直状とは異なる。管領はつねに将軍権威を背景とし、将軍の代官たることを国人たちに印象づけるためであった。

この詮持施行状によって同月十一日、近隣の沙弥《しゃみ》清光《せいこう》（葛西氏）と留守新左《しんざ》衛《え》門尉《もんのじょう》（留守氏）が遵行使（両使）として下地を胤弘の代官に渡している（「相馬文書」）。同月十七日、赤坂賀尾に対し

梅香姫の墓　梅香姫は大崎高兼の娘で伊達小僧丸（義宜）の室　宮城県大崎市・梅香院

て石川庄内蒲田村の所領を安堵し（「遠藤白川文書」）、翌応安六年九月十八日には相馬讃岐次郎胤弘に対して竹城保内の本領長田郷と畑谷村を安堵している（「相馬文書」）。応安八年（一三七五）四月には、葛西周防三郎に対して下伊沢内の志牛・那須河の両郷を「御恩」として宛行っている（「秋田藩採集家蔵文書」「桧山蜂屋文書」）。

以上のように、詮持が管領になった当初は奥州諸氏に対して本領安堵・所領宛行・御恩宛行等、管領としての最も重要な任務を果たしている。さらに国人たちの官途挙申も行っていて、これも管領としての重要な任務である。永和二年（一三七六）十一月二十七日、加美郡穀積郷の倉持五郎を所望に任せて靭負《ゆげい》尉《のじょう》に挙申している（史料21）。

加美郡はもと畠山国詮の分郡だったが、国詮が長田城合戦で敗れて本拠の二本松に引き上げたあと、詮持が同郡に勢力を及ぼしたのであろう。永徳三年（一三八三）八月十五日には、南奥の岩崎郡の岡《おか》本助《もとすけ》太郎《たろう》を所望に任せて淡路守に挙申している（「岡本文書」）。

南北朝時代末期における石橋・畠山・吉良三氏の勢力失墜後、詮持は唯一の奥州管領として職権を行使していた。嘉慶《かけい》二年（一三八八）十一月十四日、宮城郡の留守三河《みかわ》次郎《じろう》家持《いえもち》に対して亡父三河守持家の跡の相続を認可し（「留守文書」）、明徳《めいとく》二年（一三九一）三月六日には和賀郡の和賀伊賀入道に対して江《え》刺《さし》郡《ぐん》内会佐利郷を勲功の賞として宛行っている（「鬼柳文書」）。

しかし、管領としての活動は以前にくらべて活発ではないことは、発給文書が少ないことからも知られる。基本的に当時の日本の国家体制・社会体制の変化によるものだろう。従来の古い荘園公領《しょうえんこうりょう》体制は内乱以降、しだいに崩壊し、在地の国人層が勢力を拡大して公権力や荘園領主に反抗した。

例えば、年貢未進などは日常茶飯事であった。私は「東国における荘園制解体過程の一断面—陸奥国好嶋庄西方預所伊賀氏の場合」(『日本古代中世史の地方的展開』一九七三年、吉川弘文館)で、このような状況を岩城郡好嶋庄の場合について論じたことがある。

一方、武士社会の面でも、鎌倉時代の古典的な惣領制が解体して一族・庶子等が分立、在地に「国人」として自立し、独自の行動をとるようになったことも、この時代の顕著な特徴である。しかも豪族領主などは、在地国人たちを自己の配下に結集して所領を配分し、封建的な主従関係を結び大名化しつつあった。

弱体化する管領権力

例えば、伊達氏である。嘉慶二年(一三八八)、伊達兵部《ひょうぶ》権少輔《ごんのしょう》政宗《まさむね》は出羽の長井庄荻生郷《おぎゅうごう》内四十九貫余の地を配下の国分彦四郎入道《ひこしろうにゅうどう》に配分している(「国分文書」)。このような豪族領主は、奥州管領の支配からもしだいに独立しつつあった。さらに、管領を無視した行動は十四世紀末期から十五世紀前半にかけて流行した奥州国人たちの一揆契約である。例えば、永和三年(一三七七)十月、伊達兵部権少輔政宗は宮城郡の留守氏一族である余目三河守と一揆契約を結んだ(史料22)。

両者は今後、大小の問題について相互に協力しあうこと、「公方之事」すなわち幕府や奥州管領への対応や、「所務相論以下私確執」、つまり地域的紛争は一揆間で解決するというものである。要するに、管領の存在というものが無視されつつあったのである。

こうした下からの動きによっても畠山・吉良・石橋氏らが権力を失ったわけだが、斯波氏の場合は管領権がしだいに弱体化しつつあったとはいえ、家兼以来、河内諸郡の国人たちとの関係が深く、詮持の代には伊達氏の場合と同様に、この地方にある程度の領域支配を目指していたようである。将軍足利義満の明徳二年（一三九一）六月二十七日の御教書は、明らかにこれを示すものである。

陸奥国賀美郡事、畠山修理大夫国詮分郡也、而左京大夫（斯波詮持）抑留云々、綷絶二常篇一歟、同黒川郡者、国詮恩賞之地也、同前、早伊達大膳大夫（政宗）相共、莅二彼所一、可レ被二沙汰一付二国詮代一、就二彼左右一為レ有二沙汰一、可レ被二注申一之状、依レ仰執達如レ件

明徳二年六月廿七日　右京大夫（細川頼元）（花押）

葛西陸奥守（満良）殿

（「伊達家文書」）

賀美郡が国詮の分郡になった事情は明らかではないが、貞和二年（一三四六）正月、畠山国詮の父国氏が吉良貞家と共に奥州管領として多賀国府に下向した頃、鎌倉時代より足利氏に縁の深い加美郡が畠山氏の分郡にされたのではなかろうか。国詮はこれを世襲したのだろう。また、隣接する黒川郡

は国詮の恩賞の地だというが、これについても事情は明らかでない。

斯波詮持が両郡を「抑留」したのは、おそらく応安七年、畠山国詮が長田城合戦で吉良・斯波の連合軍に敗れ、本拠の二本松に引き上げたあとのことだろう。なお、この御教書発給の裏には、畠山国詮の幕府に対するはたらきがけがあったとみられる。すなわち、明徳二年四月八日、幕府の管領職が斯波氏の本宗である斯波義将《よしゆき》からライバルの細川頼元《ほそかわよりもと》に代わった。これを機会に国詮が幕府に対して失権回復をはたらきかけたものであろう。

次に、詮持の領域拡大運動に対し、幕府が奥羽最大の豪族である伊達氏と葛西氏を「両使」に任じて禁止命令を出しているが、両使の行動や結果については明らかでない。この時代は、伊達氏も葛西氏も共に詮持と同様に領域拡大を図っていて、両使がどのていど詮持の行動に干渉したかははなはだ疑問で、おそらく御教書発給の効果はなかったのではないか。加美郡も黒川郡もこの後、畠山氏の領国になった形跡がなく、斯波氏の勢力下に入ってしまう。斯波氏は奥州管領としての公権力を有しながら、同時に私的に河内地方を領国化する運動を続けるのである。畠山氏もこの後、本領の二本松を基盤として領国化運動を行う。斯波・畠山の両氏が戦国時代まで勢力を保ち得た理由はここにある。

奥羽領国の鎌倉府移管

南北朝末期（十四世紀末）の奥羽両国は、幕府派遣の奥州管領の治下にありながら、豪族領主たちの領域拡大運動や国人領主たちの所領紛争が絶えなかった。また、国人一揆などにより管領の支配権もしだいに弱体化しつつあった。管領の詮持自身、他人の領地を侵略するという不法行為を幕府からとがめられるという有様であった。やがて、奥羽両国は思いもかけない事態にいたる。両国の鎌倉府移管である。「結城小峯文書」に、

陸奥・出羽両国事、可レ致二沙汰一之由、所レ被二仰下一也、早速可二馳参一之状如レ件

明徳三年正月十一日　（足利氏満）（花押）

白河三河七郎（結城満朝）□（殿）

とある。将軍義満が明徳二年（一三九一）暮に奥羽両国を幕府治下から鎌倉府《かまくらふ》治下へ移管したことを決定したもので、関東公方《かんとうくぼう》の足利氏満《うじみつ》は早速このことを白河の結城満朝《みつとも》に通告し、鎌倉に馳参すべきを命じたものである。また、「来迎寺年代記」（旧版『山形県史』所収）に「同（明徳）三年壬申羽奥両国鎌倉殿御知行、両国大名在鎌倉」とあり、このほか、「異本大日記《いほんおおにっき》」「喜連川判鑑《きつれがわはんかがみ》」「鎌倉九代後記《かまくらくだいこうき》」「鎌《かま》倉大草紙《くらおおぞうし》」等、多くの史書にこれが記されている。これは当時の重大な出来事だったのだろう。

さて、この奥羽両国移管の理由は何か。これは、前述のような当時の両国の状況もあるだろうが、直接的には明徳二年末、山名氏清《やまなうじきよ》の叛乱に直面した義満が従来、不和であった氏満との関係を改善するための苦肉の策で、その裏には渡辺世祐氏の指摘したように南禅寺《なんぜんじ》の義堂周信《ぎどうしゅうしん》の尽力もあったのだろう（『足利時代の研究』）。なお、「留守家旧記」は両国移管を次のように記している。

一、小山御退治有へき二付て、鎌倉殿へ京都より両国ヲ渡可レ進候間、鎌倉殿の御代官入候て、山形殿ハ出羽守護ニ御座候、大崎ハ奥州の探題にて御座候、何も不レ可レ有二相違一、可レ被レ守之由、京都より御諚候間、両国探題守護諸外様在鎌倉をす

このように、「小山御退治」が移管の理由とされている。「小山御退治」とは康暦二年（一三八〇）五月から応永二年（一三九五）五月まで、断続的に続いた小山義政《おやまよしまさ》・若犬丸《わかいぬまる》らの鎌倉府に対する叛乱の鎮定を指すもので、経過は『足利時代の研究』にくわしい。小山氏は秀郷流の藤原氏で、下野・下総の地に一族が割拠する関東の名族だが、この小山氏征伐のために奥羽両国を氏満に与えたことは、両国の軍勢をも氏満の支配下に動員しようとしたという「留守家旧記」の筆者の解釈だろう。渡辺氏はこの説を否定するが、私は必ずしもこの説は否定しえないと思う。これについては後述する。

奥州管領の職権保持

さて、奥羽両国が幕府治下から鎌倉府治下に移ったとしても、斯波氏や「山形殿」の奥州管領、あるいは「出羽守護」の地位は「何も不レ可レ有二相違一、可レ被レ守之由、京都より御諚候」とあるように、なんら変更はなく、詮持らは従来通り奥州管領としての職権を保持した。

これについて、少し説明を加えよう。

奥州管領、あるいは「出羽守護」の職は本来、奥羽両国の統治権が幕府の将軍にあり、その代官と

して管領が派遣されている。そのため、両国統治権が鎌倉公方の手に移った以上は、本来、将軍代官としての奥州管領の存在理由はなくなるが、それでも詮持が依然として奥州管領の地位を保持したのは、どのような事情だろうか。おそらく鎌倉府は、にわかに奥羽両国を直轄治下に入れたとしても、従来の奥州管領や出羽守護の協力なくして両国の支配を行うことは無理、と判断したのであろう。この後、詮持も従来通り管領としての職権を保持しながら、鎌倉府に大いに協力している。

　鎌倉府の治下に入った詮持は、鎌倉府に出仕しなければならなかった。詮持は出仕中は鎌倉近くの瀬ケ崎《せがさき》（横浜市金沢区六浦町瀬ケ崎）に宿泊したので「瀬ケ崎殿」、「山形殿」は長尾《ながお》に宿泊したので「長尾殿」とよばれたという。「留守家旧記」には、詮持の出仕の状況を次のように記している。

　瀬ケ崎殿御出仕之時、諸外様之後ニ御出仕候、両国外様庭へいてつくはい候ニ、こし《（輿）》よりおり給ひ候て、えん《（縁）》のきわニてあしなかをめされ、御こし《（腰）》もたをめす、御座へ御入候を、上杉之房州中書官領是を見て、斯波殿のふるまいあまりくわしょく《（華飾）》なり、とかめ《（咎）》へきよし云々也

　鎌倉府における詮持の尊大な態度、派手な振る舞いぶりがうかがえるが、そこは奥州管領としての権威を誇示したかったのであろう。関東管領《かんとうかんれい》の上杉房州《ぼうしゅう》がこれを見て、詮持の振る舞いをあまりにも「くわしょく（華飾）」であると非難したという。上杉房州とは安房守憲定《あわのかみのりさだ》で、憲定については渡辺氏前掲書（二一六頁）を参照してほしい。なお、「上杉文書」応永三年七月廿三日管領斯波道将施行状にも見える。「留守家旧記」のこの記事は詮持の人物像を描いて、たいへん興味深いものがある。

このように、両国移管後も詮持の奥州管領としての地位、職権には何らの変更がなかった。明徳五年（一三九四）七月一日、詮持は石川郡の大寺安芸《あき》入道《にゅうどう》道悦《どうえつ》と竹貫《たけぬき》三河《みかわ》四郎《しろう》光貞《みつさだ》の同郡吉村の知行権をめぐる相論を裁許し、道悦の申分がもっともであるとして勝訴の判決を下した（史料23）。

応永二年（一三九五）春、小山若犬丸が田村郡の田村清包《きよかね》（清義《きよよし》子）を頼んで再挙をはかり、新田氏ら「宮方の末葉ことごとく馳せ参」（「鎌倉大草紙」）じて大乱となり、関東公方の氏満は分国に沙汰して軍勢を催促し、自らも出陣した（「楓軒文書纂」の「雲頂庵文書」「大高文書」「嶋津文書」「榊原家所蔵文書」等）。当時、詮持は鎌倉出仕中のせいか、嫡子の満持《みつもち》が父に代わって出陣し、各地の戦において大きな功績を挙げたことは後述の如くである。

ついで応永四年五月、詮持は氏満より、小野保名主国井《くにい》若狭守《わかさのかみ》・田原谷《たばらや》弾正忠《だんじょうのちゅう》らの謀叛を退治すべきを命ぜられている（「相馬文書」応永四年五月廿二日左京大夫宛足利氏満御教書）。なお、『大日本史料』が宛所の「左京大夫《さきょうのだいぶ》」を岩城《いわき》左京大夫としたのは誤りで、これは詮持である。

翌応永五年十一月四日、氏満が死んで嫡子満兼《みつかね》が跡を継いだ。満兼は翌十二月二十五日、鶴岡八幡宮に、さきに詮持が裁許した石河庄内の石河大寺安芸入道（道悦光義）の遺領を寄進したが、その下地沙汰付を詮持に命じている（神田孝平氏旧蔵文書）。このときすでに詮持は入道していたので、宛所は「左京大夫入道」となっている。入道号は法英《ほうえい》である（「最上氏系図」）。

以上のように、詮持は今や鎌倉府治下の奥州管領として関東公方の命を奉じていた。

しかし、斯波・最上両氏をはじめとして伊達・芦名・結城など、奥羽の有力諸氏の中には鎌倉府の治下にありながら、依然として幕府との密接な関係を続けていた者もあった。かれらは、のちに「京都様御扶持衆《きょうとさまごふちしゅう》」とよばれる。特に斯波・伊達両氏と幕府との結びつきは強く、政宗の父宗遠《むねとお》は上洛して幕府との交誼を厚くし、娘は羽州管領最上直家《うしゅうかんれいもがみなおいえ》の夫人である。さらに、政宗の夫人は将軍義満の生母と姉妹であり、義満と政宗との関係はとくに緊密であった。白川結城左兵衛尉満朝《さひょうえのじょうみつとも》も応永三年（一三九六）に義満に馬二足、砂金百両を献上して鎧・太刀を贈られている（「白川文書」）。また、菊田庄の藤井四郎《ふじいしろう》（上遠野宗朝《かどのむねとも》）に対して義満は、応永六年十一月に「関東事、々実者、為二御方一、致二忠節一者、可二抽賞一之状、如レ件」（「上遠野文書」）という御教書を発給し、同八年七月八日には同氏の陸奥国の本領・当知行地を安堵し、応永七年に自刃した詮持に代わって子息の満持がこれを施行している（同上）。以上のように、鎌倉府の治下にあるにもかかわらず、幕府との関係が極めて密接な諸氏もあった。鎌倉府の奥羽両国支配は極めて不徹底なもので、従来の体制がある程度、存続していたものと考えられる。

しかし、何といっても両国の鎌倉府移管は奥羽の歴史にとって極めて重要な出来事だったことはいうまでもない。「留守家旧記」に「鎌倉殿の御代官入候て」、また「鎌倉大草紙」に「奥州は関東の分国と成て、鎌倉より代官、目代数多下り」とあるように、鎌倉府の代官が多数両国に下向したことである。彼らの任務は主として国衙領からの年貢徴収や各種段銭《たんせん》の徴収にあった。

「秋田藩採集家蔵文書」の「赤坂文書」に、沙弥賢雄《けんゆう》の明徳五年四月、同年十一月、応永二年八月、石河庄内赤坂村の「国衙御年貢」各壱貫文の請取状が見られるが、この沙弥賢雄なる人物は、おそらく鎌倉府派遣の代官であろう。また、同庄内赤坂又太郎知行分の公田一町八段に対して浄明寺《じょうみょうじ》段別銭合計九百文が納められている。代官から年貢未済の報告があれば、鎌倉府はただちに未済者に対して完済すべきを命じた。次の文書は、鎌倉府政所《まんどころ》執事《しつじ》の二階堂定種《にかいどうさだたね》が小峯七郎《こみねしちろう》（満政《みつまさ》）に対して年貢完済を命じたものである。

陸奥国金原保年貢事、先度被レ仰之処、難渋云々、太無レ謂、所詮厳密可レ令二究済一之状、依レ仰
執達如件
明徳四年二月六日　前参河守（二階堂定種）（花押）
小峯七郎殿
（「結城大蔵文書」）

「遠藤家譜」（東京都・遠藤広氏蔵）によれば、応永八年（一四〇一）、遠藤盛継《えんどうもりつぐ》が鎌倉府の命によって志田・玉造・加美三郡の「奉行人」として志田郡松山に来住したという。この、いわゆる奉行人とは代官のことであり、遠藤氏の任務はやはり国衙領からの年貢徴収や各種段銭の徴収にあたったものであろう。

同氏はこの後、長く松山に定住し、戦国時代には伊達氏の麾下に属した。

稲村・篠川両御所の下向

　奥羽両国が鎌倉府の治下に入っても、詮持はなお奥州管領としての地位・職権を保持しながら鎌倉府に協力していた。しかし、応永六年（一三九九）に至って事態が大きく変化した。この年の春、関東公方の満兼は父氏満の遺命によって、弟の満貞《みつさだ》・満直《みつなお》を奥羽両国の主として奥州に派遣することになったのである。これについて「鎌倉大草紙」に「応永六年春より陸奥・出羽両国のかためとして鎌倉殿御弟満貞・満直二人御下向、稲村・篠川両所に御座す」とあり、また、「留守家旧記」には次のように記されている。

　留守とのをハ、昔ハ当国ニてみたちと申候、さいかまくら（在鎌倉）の時、永安寺殿（氏満）御ゆいかい（遺戒）ニ、今若御曹子、乙若御さうしとて御兄弟御座候ヲ、両国之御主ニ可レ奉レ成と御ゆいかい（遺戒）候間、鎌倉殿御臺様かたしけなふも御す（簾）へ伊達入（道脱カ）、白川入道ヲめされ、御しやうしこし（障子越）ニ、いまわかヲくたす事、いたてヲ父とたのみ、しらかハヲ母とたのむへきよし被レ仰、恐之余ニ夢ノ心地して、畏て候と申上、上杉の司忠官領職ニて両若君下給ふ

「永安寺殿」氏満のいわゆる「御ゆいかい（遺戒）」は、応永二年の田村の乱に大きなショックを受けた氏満が奥州支配の強化を目ざして行われたものであろう。

応永六年七月、満貞、満直兄弟は管領上杉憲英《のりふさ》らと共に奥州に下向し、満貞は岩瀬郡稲村《いわせぐんいなむら》（福島県

須賀川市）、満直は安積郡《あさかぐん》篠川《ささがわ》（同郡山市）にいて、世に稲村御所、篠川御所とよばれる。

こうして両御所による奥羽両国の直務支配がはじまった（『大日本史料』所収「秋田藩採集家蔵文書」「赤坂文書」「応永六年十二月九日石河光重宛管領上杉憲英奉満貞知行宛行状」「熱海白川文書応永七年四月八日白川満朝宛満貞知行安堵状」など）。だが、このことは従来の奥州管領斯波詮持や、当時、領域拡大を目指していた奥羽両国の大名・豪族たちにとって、決して好ましいことではなかった。とくに詮持にとっては、管領としての地位の否定にも連なることであったから、危機感を募らせた彼は、両御所の下向、直務支配に猛反発したことはいうまでもない。

さらに奥州諸氏を怒らせたのは、両御所の管領上杉憲英がかれらに領土割譲を要求したことである。これについて「留守家旧記」はまた次のように記している。

其後又しちう（司忠）、いたて（伊達）、白河へ先々御公領ヲ可レ被レ致二進上一といはる、心得かたく乍レ存、伊達よりハ長井、ほうちやう（北条）の三十三郷、しらかハ（白川）よりハ宇多庄ヲ可レ進之由被レ申、しちう（司忠）、庄などハ心得かたし、郡ヲ進上ト被レ云候

管領の上杉憲英が伊達・白川の有力諸氏に対して多大の所領割譲を要求したのである。こうして、奥羽諸氏の鎌倉府に対する反感がしだいに高まりつつあった。

詮持の奥州探題職補任

一方、この頃、中央では西国六箇国守護の大名大内義弘《おおうちよしひろ》が関東公方満兼の御教書を奉じて幕府を倒そうとしていた（『大日本史料』応永六年十月二十八日条以下）。世にいう応永の乱である。この乱は応永六年（一三九九）十二月の義弘敗死で終わったが、当時、幕府と鎌倉府との関係はかなり緊張関係にあった。このことは十一月二十一日、義満が菊田庄の藤井四郎（上遠野宗朝）に宛てた御教書によっても知られる（史料24）。

このような情勢の中で、斯波詮持は幕府の援助を期待して新たに奥州探題《おうしゅうたんだい》職を望んだ。その契機としては、応永五年に義満が朝廷の五摂家七清華に準じ、武家に三職七頭の制を定めたことが考えられる（「南方《なんぽう》紀伝《きでん》」坤）。すなわち、三職に斯波・細川・畠山の三家を任じてこれを三管領と号し、七頭に山名《やまな》・一色《いっしき》・土岐《とき》・赤松《あかまつ》・京極《きょうごく》・上杉《うえすぎ》・伊勢《いせ》を任じ、とくに山名・一色・赤松・京極を京都奉《きょうとぶ》行侍所別当《ぎょうさむらいどころべっとう》に任じて、これを四職《ししき》とよんだ。この三管領四職の制定の際に、詮持は九州探題《きゅうしゅうたんだい》の渋川満頼《しぶかわみつより》と並んで、新たに奥州探題の職を望んだものであろう。これについて「留守家旧記」は次のように記す。

応永七年ニ牛袋ひじり（聖）のほり給ひて、京都より国一円の御判下て後、大崎殿一探題なり（中略）奥州探題職被レ下候時ハ、京都公方様より会津、白河、伊達、葛西へ御内裏御教書ニて、斯波左京大夫（詮持）入道国一円をまかせ置所也、彼義ニしたがひ奉リ可レ被レ申候由、被二仰下一候鶴、

然ハ何事も武衛御同輩候

伊藤信氏の「牛袋の聖考」（『東北古代史の研究』吉川弘文館、一九八六年）によれば、牛袋聖とは志田郡三本木の牛袋山慈眼寺の僧で、同寺は河内四頭の渋谷氏の尊崇した若宮八幡神社の別当寺か、渋谷氏の菩提寺のようなものでなかったかという。渋谷氏は斯波家兼以来、斯波氏との関係が深く、牛袋聖が詮持の使節として上洛したことは十分に考えられる。

ただし、「留守家旧記」では牛袋聖の上洛を「応永七年」にするが、この年には年初に詮持・政宗らの陰謀事件があり、二月頃に詮持は自刃しているので、牛袋聖の上洛、詮持の奥州探題職補任はこれより早く、応永五年の幕府の三管領四職制定よりまもなくの頃でないかと考えられる。

詮持・政宗らの陰謀事件

稲村・篠川両御所の下向、直務《じきむ》支配の開始に対する詮持の不満、さらに領土割譲要求に対する政宗らの不満は、この後、ますます増幅した。やがて、詮持は義満と極めて親しい関係にある伊達政宗と結び、義満の援助を期待した。政宗の夫人は義満の生母と姉妹であり、政宗の妹は芦名満盛《みつもり》、最上直家《なおいえ》にそれぞれ嫁している。こうして義満＝詮持＝政宗＝満盛＝直家らの連合戦線がつくられ、政宗は国元から五百余騎をよびよせ、武力で一挙に鎌倉府を倒そうとした。しかし、この陰謀は露顕して政宗は国元に逃亡し、詮持も瀬ケ崎より逃げたが「大勢ニおハれ」、高齢のうえ遠路のため、ついに仙道大越（田村郡）で切腹したという。この間の事情については「留守家旧記」に次のように記されている。

宮沢之先祖申様、此上ハ思召被レ定、大崎御一所ニて京都ヲ被レ守、御切腹候へしという間、伊達殿、其旨ニ同事、迎ヲよひのほせらる、五百余騎勢衆のほる、去間、白河中ニハ、伊達可レ被レ逃、打《うち》留《とめ》よと相ふれけり、政宗、宿ニ心ヲあハせて、出羽ニかゝりてにけくたる、去程ニ白河中、かねたいこヲ打て三千騎斗おっかけ、信夫庄までおいけれ共、おいつかずして引返ス、大崎殿ハ瀬ケ崎よりにけ給しか、大勢ニおハれ、又行さきも大切之間、仙道大越ニてひそかに御はら（腹）ヲめさる、御子四代目のそくとう（続燈）続燈寺をハ国ニ置奉、御孫大洲賀さま向上院殿十五歳ニ成給ふヲつれ奉りしか、にけ給ふ、東福地対島守、十七人御供のうちたりしか、仙道の中塚といふ人の聟也、彼方へくそくしたてまつる也、それより御とも十七人ヲ、女房いてたちニて南長谷まで御下、それより大崎へ付（着）給ふ

この詮持・政宗らの陰謀事件、詮持切腹の年月日は明らかでないが、応永七年三月八日、稲村御所の満貞が白河の結城満朝に宛てた軍勢催促状には、

伊達大膳大夫入道円孝、芦名次郎左衛門尉満盛等陰謀事、依二露顕一、已逃下之上者、不日所レ可レ被レ加二退治一也、早可レ致二忠節一、於二恩賞一者、依レ功可レ有二御計一之状、如レ件。

応永七年三月八日　（足利満貞）（花押）

結城三河七郎殿
（満朝）

（「伊勢結城文書」）

とある。

これによれば、陰謀事件は応永七年三月八日以前、おそらく二月頃のことであり、政宗の妹聟である会津の芦名満盛も参加していたことがわかる。ここに詮持の名が記されていないのは、すでに彼が切腹して死亡していたからであろう。「最上氏系図」では、詮持の死を応永七年九月七日とするが、その典拠は明らかでなく誤りと考えられる。詮持の入道号は法英《ほうえい》、諡号は金龍寺《きんりゅうじ》殿である（「大崎家譜」）。なお、「留守家旧記」によれば、切腹当時、詮持は嫡子四代目の満持（続灯寺殿）を国元に置き、孫の十五歳になる定詮《さだあきら》（後名満詮、大洲賀、向上院殿）を一緒に連れていたが、定詮は大崎まで逃げることができた。東福地対馬守《つしまのかみ》はじめ、十七人の者が女装でお供したという。

国元に逃げ帰った政宗は、ただちに事件の顛末を義満に報告した。義満は政宗に「美濃国さんたんし、若木・吉家、越後国梶原わたり半分」、斯波氏にも「若狭国くらみ（倉見）の庄」を賜わったという（「留守家旧記」）。詮持・政宗らの陰謀事件が義満から見れば、幕府に対する忠誠であると見なされたのである。この後、詮持嫡子の刑部大輔《ぎょうぶだゆう》満持《みつもち》は父の跡を継いで左京大夫、奥州探題職となった。

詮持に関する伝承には、大崎市古川宮沢にある日蓮宗の長久寺《ちょうきゅうじ》は詮持の外護《げご》を受けて建立されたもので、本堂の鬼子母神《きしもじん》は文和三年（一三五四）四月、足利義詮が羽州最上に移したものを詮持が当山に受けて祀ったものであるという(『古川市史』)。

宇都宮氏の誅伐問題

最後に詮持に関することとして、「喜連川判鑑」「鎌倉大日記」「鎌倉管領九代記」「中古治乱記《ちゅうこちらんき》」等に応永七年(一四〇〇)九月八日、斯波左京大夫持詮(詮持の誤りか)が奥州において宇都宮氏広《うじひろ》・氏公《うじきみ》父子を誅し、首級を鎌倉に持参した。侍所において満兼の実検が行われ、持詮には宇都宮の跡を賜わったことが記されている。宇都宮氏は康応《こうおう》二年(一三九〇)以来、吉良満家の旧領を賜わり塩松にいたという(「松藩徴古」)。

また、「大日本野史」には、塩松の宇都宮氏広が応永六年九月の大内義弘《おおうちよしひろ》の乱に応じたため、斯波詮持が石橋棟義と共にこれを討ち、氏広・氏公父子が自殺し、詮持の子持氏《もちうじ》が塩松を賜わったという。その他、多くの史書に詮持による宇都宮氏広誅伐のことが記されており、大崎氏家臣の家譜類にもこれに従軍したという記事が数多く見られる。たとえば、笠原氏三代の為宗《ためむね》が詮持の宇都宮追討に従軍(「笠原家譜」)、一迫の佐藤家祖の高則《たかのり》が従軍(「佐藤家譜」)、あるいは執事の氏家直隆《なおたか》・隆継《たかつぐ》父子が従軍(「氏家家譜」)したという類である。さらにまた、これに関連した偽文書も数多く残されている。

この詮持による、いわゆる宇都宮氏誅伐事件は同時代の根本史料にはまったく見当たらず、また、「宇都宮系図」にも氏広・氏公父子のことが見えず誅伐年代もまちまちで、史実としてははなはだ疑わしいものである。しかし、非常に有名で後世にも語り伝えられているため、荒唐無稽な話でもなさそうである。詮持時代は、中央では明徳の乱・応永の乱があり、奥州でも応永二年から翌三年六月まで田村庄司清包などの反乱、翌四年五月の小野保名主である国井若狭守、田原谷弾正忠らの反乱があった。これらの反乱退治には、いつも詮持あるいは嫡子満持が大将として活躍している。おそらく宇都宮誅伐事件もその中の一つで、全面的にこれを否定することもできないのではなかろうか。

第四章　四代・斯波満持

斯波満持の活動

三代詮持の嫡男で、はじめ刑部大輔、父詮持の死後に左京大夫・奥州探題職を継いだ。「伊達族譜」第四巻内族譜第四（仙台市立博物館蔵）が、四代を満詮、五代を満持としたのは誤りで、これは前後逆である。また、加美郡四日市場の「鹿島神社神主覚書《かしまじんじゃかんぬしおぼえがき》」に「四代満詮」と記されているのも誤りで、このほか多くの「大崎家譜」や「伊達正統世次考」も同様の誤りを冒している。しかし、「寛永諸家系図伝」の「最上氏系図」、「系図纂要」の「大崎系図」のみは正しく四代満持、五代満詮と記している。なお、多くの大崎諸家譜類はこのような誤りが多いことを付言しておきたい。とくに「伊達族譜」において満詮が「於田村大越戦死、法号続燈寺」としたのははなはだしい誤りで、大越で死んだのは三代詮持であり、また、続燈寺は四代満持の法号である。これらの誤りは今後、根本史料によって正しく訂正されなければならない。

満持は応永初年から父詮持の活動を助け、小山若犬丸を擁した田村庄司清包や仁木《にっき》某の反乱退治には父の名代として活躍し、応永二年（一三九五）九月二十六日、石川郡の蒲田《かまた》民部少輔《みんぶのしょう》の勲功を賞して本領安堵状を発給している（史料25）。

なお『大日本史料』で、この安堵状の発給者である刑部大輔を宇都宮氏広としているのは誤りで、すでに渡辺正俊氏も「篠川・稲村御所をめぐる歴史の展開（上）」（『福島史学研究』復刊二二号）で指摘しているように、この刑部大輔は満持であることは花押によって明らかである。

ついで同年同月晦日、岩城郡好島庄の伊賀《いが》孫三郎《まごさぶろう》に対して、所望に任せて式部大輔《しきぶだゆう》の官途を挙申している（「飯野文書」）。署判した刑部大輔を『大日本史料』はやはり宇都宮氏広としたのも誤り、月名を「卯月」としたのも誤りで、これは九月である。

さらに同年十月七日、伊賀式部大夫（ママ）に対し、田村の乱退治の勲功を賞して次のような感状を授与している。当時の生々しい戦闘の様子がうかがわれる、興味ある史料なので左にこれを掲げる。


依二田村御退治之事一、自二最前一馳二参於御陣一、致二警固一、并応永二年九月廿六日、安武熊河戦、同廿七日唐久野原於二御合戦一、及二自身太刀打一、被レ致二忠節一之条、尤以神妙候也、弥々可レ抽二戦功一之状、如レ件

応永二年十月七日　刑部大輔（満持）（花押）

伊賀式部大夫殿

（「飯野文書」）

また、年欠「三月十八日板橋若狭守宛書状」に、石川庄八幡宮神領の諸公事を勤めない理由を公方《くぼう》

四代　斯波満持花押

代官《だいかん》方へ申すよう命じている（史料26）。

この書状には花押の上にはっきり「満持」と銘記され、これによって満持の花押が判明し、『大日本史料』その他によって、従来、宇都宮氏広とされていた花押が、実は満持のものだったことが判明したのである。なお、「上遠野文書」（応永八年）九月廿四日左京大夫満持の藤井孫四郎宛文書を参照されたい。要するに、応永二年の田村の乱に際し満持が父詮持に代わって大将として出陣し、麾下の諸氏に対して本領安堵・官途吹挙・感状授与など、まさに父の奥州管領としての職権を代行していたことが知られる。なお、当時、奥羽二国は鎌倉府の行政権下にあったとはいえ、以上のように斯波氏はなお、従来のような奥州管領としての職権を行使していたことがわかる。

この後、しばらく満持の活動を示す史料は見当たらず、鎌倉府の命令はすべて父詮持に対して行われている（「鶴岡八幡宮文書」応永四年五月廿二日足利氏満御教書、応永五年十二月廿五日足利満兼御教書等）。ついで応永六年七月、満貞・満直の奥州下向、稲村・篠川両御所の奥羽両国支配の開始、翌応永七年春の詮持・政宗・芦名満盛らの陰謀事件、詮持の自刃等の重大事件が続いた。詮持の自刃当時、満持は国元の小野に留守番していたために難を免れた（「留守家旧記」）。

父詮持の自刃後も、満持と鎌倉府との関係は依然としてよくならず、満持はむしろ京都との関係を深くした。当時の京都では義満の嫡子義持《よしもち》が四代将軍となっていた。義満は応永元年十二月、将軍職を辞して太政大臣《だいじょうだいじん》となっていたが、なお、幕府の実権を握っていた。また、満持はかねてより義満との関係の深かった菊田庄の藤井《ふじい》氏とも連繫を保っていた。

応永八年九月二十四日、満持は菊田庄の藤井孫四郎《まごしろう》（貞政《さだまさ》）に対して、義満の七月八日の御教書の旨に任せて本領を安堵する旨の施行状を発給し、同時にこれを祝福する旨の書状を出している（「上遠野文書」史料27）。この書状によって当時、すでに満持は父の官途をひき継いで左京大夫になっていたことが知られる。また、藤井氏側の三郎という人物が当時、斯波氏との連絡に当たっており、藤井氏配下と思われる滝近江入道《たきおうみにゅうどう》に対しても、満持は安堵の旨を承知したことを知らせている。当時、満持と藤井貞政との関係はかなり親密だったようである。しかし、詮持死後も鎌倉府と満持との関係は依然、緊張関係にあった。

伊達政宗の乱と斯波満持

応永七年（一四〇〇）二月、父詮持の非業の死を小野で聞いた斯波満持は、父の遺志を継ぐべく、同志である伊達政宗らとの連繫を密にし、鎌倉勢の攻撃に備えて嫡子定詮《さだあきら》（後名満詮）を伊達郡の老田城《おいたじょう》に派遣した。これに関して「留守家旧記」は、次のように記している。

大さき五代目向上院殿之御事

自二大崎一大すか（須賀）様御さうしニて老田城へ御登、三年御控候し、長世保ハ、其時以二忠節一、いたてニハ大崎よりの御判形ニて知行候也、左様ノ引付ニて、老田方代々大崎ノ御えほし子なられ候、花山播州まて如レ此候、此間播磨守元宗、京都御官領細川勝元ノ御一字ニて、其例違候。

右にいう老田城とは城主が代々播磨守《はりまのかみ》であり、二代播磨守元宗《もとむね》は懸田《かけだ》氏である（「伊達世臣家譜」巻之二、黒木氏条）。それを考えると、老田城は伊達郡懸田城（福島県伊達市）を指すのであろう。応永二十年、伊達持宗と共に伊達郡大仏城《だいぶつじょう》（福島市）にたてこもって鎌倉府の大軍と戦った懸田播磨守定勝《さだかつ》も、この老田城主であったろう。懸田氏はかねてより同郡の伊達氏の同志で、反鎌倉的立場の大崎氏とも同志だったのであろう。しかも懸田氏は、定詮が老田城に入ってから代々、大崎氏のえぼし子（烏帽子子）になったというから、大崎氏との関係は極めて深いものがあった。

斯波定詮が老田城に入った年の十月十一日、懸田大蔵《おおくら》大輔《だゆう》宗顕《むねあき》は菊田庄の藤井四郎貞政と一揆契状を結び、懸田氏は藤井氏とも緊密な関係にあった（遠藤巌著『遥かなる流れ上遠野家系図』）。応永十一年八月、貞政の戦死後、満持は貞政の嫡子犬熊丸《いぬくままる》に対して前将軍義満の本領安堵を施行したことは前述した。以上から、幕府（義満）―奥州探題大崎氏―伊達氏―懸田氏―藤井氏との関係は極めて緊密なものがあり、これを枢軸として反鎌倉陣営を構築していたのであろう。定詮は老田城に入ってから、応永九年、いわゆる伊達政宗の乱が終結するまでの三年間、同城で鎌倉軍と対決した。このときの政宗の「忠節」によって、父満持は政宗に長世保を宛行ったという（「留守家旧記」）。

一方、鎌倉府は詮持・政宗らの「陰謀」が失敗した後、ただちに追討命令を出した。応永七年三月八日、白川結城満朝らほかに軍勢催促状が発給された（前述）。四月二十七日、稲村御所の満貞は和賀郡の和賀下総入道に対し、和賀郡惣領職と惣領分所々を安堵し「弥可レ抽二戦功一」を命じた（「鬼柳文書」）。さらに七月に入ってから、鎌倉府の満兼は幕府に対して奥州諸氏の反鎌倉運動を宥めるよう依頼している（『大日本史料』七、四）。さらに七月十三日、満貞は再度、和賀下総入道に対して「凶徒退治」を命じている（「鬼柳文書」）。和賀氏も容易に動かなかったからであろう。

ところで、討手の大将新田岩松満純《いわまつみつずみ》（上野国）は伊達郡西根長倉の戦いで大敗した。

「留守家旧記」に、

角《（斯）》テ応永七年ニ、新田の岩松殿、大将にて御下、伊達西根長蔵要害せめそんし、大打せられたれは、かまというものニて七日くひ《（首）》をつく、

とある、もちろん、この戦いに定詮の率いる大崎軍も伊達・懸田軍と共に戦ったのであろう。

この戦いで鎌倉方に味方した白河の結城三河七郎満朝は関東公方の満兼から感状を与えられている（史料28）。結城氏はこの後も満貞もしくは鎌倉府に対して忠節を尽くし、しばしば両者から感状を与えられている。当時、奥州における鎌倉方の代表的豪族と見てよい。

応永七年は以上のように年初から波乱万丈の年であったが、翌八年は休戦状態で格別な戦いはなかったようである。翌九年になり、いよいよ鎌倉府は大規模な「奥州凶徒対治」にふみきった。

管領上杉氏と伊達・斯波氏の戦い

応永九年（一四〇二）四月十四日、稲村御所の満貞は白河の結城満朝らに対して、伊達・大崎退治のため関東管領上杉氏憲《うじのり》の鎌倉発向を伝え、忠節を促した。五月三日、鎌倉の満兼は鶴岡八幡宮に凶徒退治のための祈祷を命じている（「鶴岡八幡宮文書」）。五月二十一日、氏憲は鎌倉勢を率いて鎌倉を出発した（「大庭文書」）。この戦いの経過については、「留守家旧記」に次のように記されている。

> 其後、中一年過、上杉殿大将たて、応永九年ニ廿八萬騎ニて被レ下、伊達一そく（族）なかくら（長倉）入道本人たり、存旨アリテ要害ヲ引、西根、長倉、あかたて（赤館）ヲ築、かの所へ廿八萬き押よせ、時ニ大将勅使河原の兼貞十三才なり、せめそんし、しのぶ（信夫）まて切付られ、一騎不残うたれ、兼貞虜ル、政宗怡の余ニ一首の歌ヲ詠す
>
> 二度の弓箭の花ハ是かとよ
> やちよノ橘千世の梅かえ

鎌倉勢の「廿八萬騎」はもちろん誇張にしても、かなりの大軍であったのであろう。この戦いに伊達一族の長倉入道の計略で要害を退去し、西根・長倉・赤館に城を構えて戦った。老田城にいた定詮の大崎軍・懸田軍も伊達軍と共に戦ったのであろう。戦いは伊達軍の勝利に帰し、攻撃軍の大将である勅使河原兼貞《てしがわらかねさだ》（十三歳）は敗れて信夫まで退去したが、生け捕りにされたという。政宗は喜びのあ

まり、一首の歌を詠じたという。十三歳で大将とは恐れ入ったが、このとき定詮は十七歳。政宗は六十歳であった。なお、この戦いで大崎重臣の笠原氏は四代為時の代であり、従軍し功を立てたという（山形県村山市楯岡・笠原仁氏蔵「笠原系図」による）。

しかし、伊達政宗の勝利も束の間で、この後、彼は稲村・篠川御所ほか近国勢に攻められ、九月六日ついに降参し（「鎌倉大草紙」「喜連川判鑑」など）、上杉氏憲は鎌倉に帰った。政宗は会津の山中に逃走したといわれるが（「鎌倉管領九代記」）、まもなく十一月、輩下の国分河内入道に刈田郡平沢郷北方を越後入道宣久と談合して沙汰すべきを命じていることをみると（「国分文書」）、彼は本領の伊達郡に戻って、従来通りの活動を続けたものとみられる。

応永九年夏の伊達・大崎など反鎌倉派の諸氏と鎌倉派（鎌倉府軍）の決戦は、たんに信達地方だけでなく、奥州各地で両派の戦闘がくり返されたようである。岩城地方でも菊田庄で反鎌倉派の藤井貞政（前述）は、同族の上遠野《かどの》兵庫助《ひょうごのすけ》と戦って戦死したらしく、氏憲は兵庫助の戦功を賞している（「上遠野文書」）。また、奥州中部でも反鎌倉派と鎌倉派との戦いがあった。「留守家旧記」は、これについて次のように記している。

大崎御一所ハ、伊達殿、小外様ニ登米方二人、其外両国諸外様、かまくらかた（鎌倉方）ヲいたす也、又、於登米いたち澤トいふ所ニ、かさい（葛西）衆、桃生、深谷、其外奥六郡同心也、張陣ス、自二大崎一、中目太郎三郎御代ニ下、討死ス、立死也、雖レ然、合戦勝利之間、無レ難、大崎殿国ヲせいひつ（静謐）

し給ふ

これによれば、この戦いで大崎氏に味方したのは伊達氏ほか小外様の登米方二人だけで、その他の奥羽両国の諸外様は皆「かまくらかた《鎌倉方》」だったという。登米郡のいたち澤というところに、葛西衆が桃生・深谷、そのほか奥六郡の諸氏と「同心」して張陣したので、大崎からは中目太郎三郎《なかめたろうさぶろう》が満持の名代として出陣し、彼は討ち死にした。立死（立往生）だったという。しかし、合戦に勝利したので、「大崎殿」は無事に国を治めることができたという。中目太郎三郎は渋谷氏の一族で志田郡中目の領主、満持の名代を勤めた大崎氏の重臣で、氏家氏らと共に執事に相当する職を勤めていた。なお、中目氏については、伊藤信氏「牛袋の聖考」（『東北古代史の研究』所収）を参照してほしい。

要するに、応永九年の反鎌倉方（大崎・伊達・懸田・藤井・登米らの諸氏）と鎌倉方（鎌倉府・稲村・篠川・白川・相馬・上遠野・葛西らの諸氏）との決戦は決定的な勝敗はなく、痛み分けということであろう。大崎氏や伊達氏に対する処分もまったく行われず、むしろ伊達氏がこの後、ますます強盛になっていくのである。後年、京都相国寺《しょうこくじ》の瑞渓周鳳《ずいけいしゅうほう》の日記『臥雲日件録《がうんにっけんろく》』の寛正《かんしょう》五年（一四六四）四月十五日条に、「故永安寺殿（足利氏満）、三度征伐、初代十六万騎、次十七万騎及十八万、然不レ得レ平之、鹿苑院殿代属レ京、于今如レ此云々」とあり、鎌倉府がついに伊達氏を平定することができなかったことを記している。

「鎌倉大草紙」には、上杉氏憲が伊達政宗を征伐できず、奥羽両国の諸氏から見限られたと記している。このように応永九年の両派の戦いは、政宗が反鎌倉派の主将として目立つ背後に、大崎氏の存在を見失ってはならないだろう。同時に、この戦いは奥羽両国の諸氏が横暴な支配権力に対し、決して屈しなかった奥州武士の意地を示したものとして注目すべきものであろう。

この後、満持の活動は史料上の制約もあるが、あまり目立たない。応永十四年（一四〇七）四月二十八日、南部《なんぶ》二郎《じろう》（光経《みつつね》）に対して修理亮の官途を挙申している（史料29）。

この後、満持の発給文書は現在のところまったく見られず、同時代関係史料もない。彼の死亡年月日についてもわからない。法号は「留守家旧記」によれば、「四代目のそくとう続灯寺」とあるので、続灯寺殿である。現在、小野の近くに続灯寺跡がある。

第五章　五代・大崎満詮

伊達政宗の乱と満詮

四代満持の嫡子で、初名は定詮（「上遠野文書」）である。左京大夫（『後鑑』所収「昔御内書符案」足利将軍家御内書并奉書留）。「留守家旧記」では「大洲賀《すが》さま」、「向上院《こうじょういん》殿」とある。

応永七年（一四〇〇）、田村郡大越で祖父詮持の自刃を目前に見た彼は、帰国後、鎌倉勢の来襲に備えるため、ただちに父満持から伊達郡老田城（懸田城カ）へ派遣され、この年、伊達・懸田氏らと共に鎌倉勢と戦い、勝利を収めた。同九年、再び上杉氏憲の率いる鎌倉勢と戦い、はじめは勝利を得たが、のちに伊達政宗の降伏によってこの乱は一応終結し、彼は国元の小野に帰った。同十一年八月、この戦いで戦死した菊田庄の藤井貞政の嫡子犬熊丸に対して、さきに父満持が貞政に与えた施行状とまったく同様の本領安堵の義満御教書の施行状を発給している。

陸奥国菊田庄内本領之地之事、去応永八年七月八日任㆓御教書之旨㆒、領賞（掌）、不㆑（可脱カ）有㆓相違㆒之状、
依㆑仰執達如㆑伴（件）

応永十一年八月六日　源定詮（花押）

藤井犬熊丸殿

（「上遠野文書」）

この施行状には誤字・脱字が目立つが、これを発給した源定詮は、これまでの経緯から見て満持の嫡子であることは明らかで、定詮が父に代わってこの施行状を発給したものである。本来ならば奥州探題の満持が発給すべきものだろうが、応永九年の乱で政宗が降参したあと、政宗と行動を共にした満持はしばらく奥州探題としての公的な活動を控えていたからであろう。定詮はのちに義満の一字名を賜って、満詮を名乗ったものと思われる。

伊達氏の世代交代と勢力伸長

ところで、同陣営にある一方の伊達氏についてはどうか。応永十二年（一四〇五）九月十四日、伊達大膳大夫政宗は六十三歳で死亡し嫡子氏宗《うじむね》が跡を継いだが、同十九年には彼も四十二歳で死去し、嫡子松犬丸《まついぬまる》（持宗《もちむね》）の代となった（「寛政重修諸家譜」「伊達家譜」）。彼は父祖の志を継いで勢力の拡大をはかり、同二十年四月に懸田定勝入道と共に隣郡の信夫郡に討ち入って、大仏城を占拠した。同郡の二階堂信濃守・同信夫《しのぶ》常陸介《ひたちのすけ》は、ただちにこのことを鎌倉府に報告した（「鎌倉管領九代記」）。報告を受けた関東公方の足利持氏《もちうじ》は、ただちに奥州諸氏に軍勢催促状を発した（史料30）。

討手の大将としては安達郡二本松の畠山修理大夫《しゅりのだいぶ》満春《みつはる》（国氏の子）が任命されたが（「喜連川判鑑」）、このたびの戦いには白川結城氏をはじめ有力諸氏は、持氏の再三の軍勢催促状にもかかわらず不参加だった。(『福島県史』)。また、篠川・稲村両御所も協力した様子が見られず、討伐はまったくはかどらなかったが、この年の十二月二十一日、伊達松犬丸・懸田定勝らは兵糧が尽きて、自ら大仏城を去った(史料31)。大将の畠山修理大夫はその責任を問われて、しばらく出仕を停止されたという(「喜連川判鑑」)。なお、この戦いに稲村・篠川両御所や白川結城氏らが極めて冷淡な態度を示したことは、当時の幕府・鎌倉府・両御所と奥羽有力諸氏間の複雑な政治情勢・利害関係が背後にあったものと考えられる。

ところで、応永二十年の伊達・懸田両氏の乱に、両氏と深い関係がある斯波氏(満持・満詮)はどう対応していたのであろうか。直接的にこれを示す史料は現存しないが、大崎家中諸氏の系譜などによると、大仏城合戦に従軍した記事が記されている。斯波氏の命だったのであろう。さきの応永九年の伊達・懸田の乱のときと同様、全面的に両氏を支援したものと考えられる。

上杉禅秀の乱と奥州諸氏の帰趨

応永二十三年(一四一六)十月、かねて関東公方持氏に反感をもっていた前関東管領上杉氏憲(入道名禅秀《ぜんしゅう》)は、関東各地の諸豪族を味方にして持氏を攻め、これを鎌倉から追い出し、持氏は伊豆に逃げた。世にいう「上杉禅秀の乱」である。将軍義持は持氏の要請に応じて駿河守護の今川範政《いまがわのりまさ》を大将として援軍を派遣した。これより関東各地で禅秀方と持氏方との戦闘が行われたが、ついに禅秀方は敗退し、翌二十四年正月十日、禅秀は鎌倉で自殺して乱は終結した。この乱の経過については「鎌倉大草紙」「関東管領九代記」等に詳しい。

さて、この禅秀の乱に奥州諸氏はどのように対応したのであろうか。「鎌倉大草紙」には「陸奥には篠川殿へ頼申間、芦名盛久・白川・結城・石川・南部・葛西・海道四郡の者ども、みな同心す」とあり、奥州のおもだった諸氏は篠川殿（満直）の勧誘で禅秀方に「同心」したという。ここで注目されるのは、斯波（大崎）・伊達の両氏が記されていないことである。両氏はおそらく、当初はこの戦いに不介入の方針を採っていたが、幕府が持氏支持になったので、のちに持氏方になったのではなかろうか。白川結城氏の場合も当初は禅秀方であったが、のちに持氏方に転じた。

大崎氏が持氏方についたことは、同氏の家臣系図等にも記されている。例えば、百々氏系図《どうどう》（宮城県黒川郡大衡村百々勝氏蔵）によれば、百々氏の初代高詮《たかあきら》（大崎三代詮持の五男）が応永二十四年正月、鎌倉公方持氏の命を受け、上杉入道禅秀を征伐するため大崎氏の名代となって鎌倉に馳参し、軍忠を抽んでたことを記している。

禅秀の乱で一時協調関係にあった幕府と持氏との関係は、乱後、再び緊張関係になった。なぜか。持氏は禅秀方に味方した関東諸氏に対して徹底的な討伐を開始したが、その中に宇都宮氏・山入佐竹《やまいりさたけ》氏らの、いわゆる「京都様御扶持衆」が含まれていたからである。京都様御扶持衆とは、将軍と直接結びつき将軍から所領の安堵や宛行を受ける者で、関東の諸氏のほかに奥羽でも斯波氏をはじめ、伊達・芦名・白川・藤井氏らの多数があった。持氏がこれらの扶持衆を征伐した詳細は『足利時代の研究』を参照されたい。

応永三十年（一四二三）三月、足利義持は将軍職を辞して義量《よしかず》が五代将軍となった。この年九月二十四日、将軍は大崎左京大夫（満詮）以下、奥州諸氏に対して左の御内書を発給し、佐々河（篠川）方に合力して、至急、関東公方持氏を討伐し関東の政務を沙汰させるように命じた。

関東此間或毎事任二雅意一、自レ是加二扶持一者共、悉及二沙汰一候間、佐々河方急打二越鎌倉一、可レ被レ行二沙汰一候由、申遣候、所詮有二合力一、可レ被レ致二忠節一之状、如レ件

応永卅年　九月廿四日　　　　惣中御文書同前

左京大夫殿

（「足利将軍家御内書并奉書留」）

宛所の「左京大夫」とは、大崎五代満詮である。彼は応永七年、祖父詮持の自害当時は十五歳であったから、同三十年には三十八歳である。父の四代満持は六十歳前後になるだろうから、おそらく満持は応永二十年代に死亡し、満詮が跡を継いで左京大夫になっていたと推定される。

篠川御所の満直は、禅秀の乱のはじめは禅秀方に味方していたが、のちに幕府側につき、乱後はもっぱら関東公方の持氏に対抗して奥州の国人たちを幕府に結びつける役割を演じ、さらに幕府の重臣細

川持元がその斡旋をした（「満済准后日記」『福島県史』）。しかも満直自身、鎌倉の持氏に代わろうという野望をもっており、彼は幕府を後楯にして稲村御所の満貞を圧倒する勢を示していた。こうして翌応永三十一年十一月、満貞はついに鎌倉に帰り、持氏と行動を共にするようになった。これについては「鎌倉大草紙」に詳しい。

この後、奥州諸氏の幕府との関係はますます親密なものとなり、将軍に対する献上もしばしば行われるようになった。応永三十一年十二月三日、左京大夫満詮は将軍義量に砂金百両、馬三疋を献上し、これに対して将軍より太刀一腰、鎧一両を賜わり、さらに嫡子持兼に左衛門佐の官途を許された（史料32）。

大崎氏の成立――河内五郡の領国化

斯波氏による河内五郡の領国化運動は、三代詮持の代からはじまっていた。五代満詮の応永二十年代には、志田・加美・玉造・遠田・長岡の河内五郡はほぼ斯波氏の領国化したようである。その過程は具体的にはよくわからないが、渋谷・大掾・泉田・四方田の河内四頭はじめ、河内の諸氏が家兼下向以来、斯波氏との関係が深く、所領安堵あるいは所領宛行等を通じてある程度の恩給関係が設定されたと考えられる。また、河内五郡は鎌倉時代には北条氏得宗《とくそう》領が多く、それが建武新政によって元弘没収地となり、知行主のいない土地になっていた。そのことも斯波氏が早く領国化し得た要因であったろう。三代詮持の代に、師山から小野に拠点を移したことも領国拡大の結果にほかならない。

ところで、「系図纂要」によると、

満持
- 満詮　左京大夫
- 持直　佐兵衛佐　名生
- 持家　高清水　宮内少輔

また、「寛永諸家系図伝」の「最上氏系譜」、「続群書類従本」の「最上系図」によると、

満持
- 満詮　左京大夫
- 持直　佐兵衛佐
- 持家　宮内少輔　高清水と号す。

とある。すなわち、五代左京大夫満詮の代に、弟の左《さ》兵衛佐《ひょうえのすけ》持直《もちなお》が玉造郡名生城主、弟の宮内《くない》少輔《のしょう》持家《もちいえ》が高清水城主になっていたことが記されている。「高泉家譜」には「詮持次男出羽寺持家、初築㆓栗原郡高泉城㆒居焉」とあって前二者と若干異なるが、いずれにせよ、斯波氏一族が名生城や高清水

城に分封されたことは事実である。

高清水城主の持家は応永十五年九月十六日、長岡郡荒谷の荒野修理亮に対して同村のせんぼう在家を宛行っている（史料33）が、こうして斯波氏一族たちも領内の地侍たちに対して恩給関係を設定し、領内支配を固めたのであろう。

遠田郡百々城主の百々氏は、三代詮持の五男高詮を祖とするという（百々勝氏蔵「百々氏系図」「由緒覚」）。高詮は禅秀の乱当時、大崎名代として鎌倉に上り関東公方持氏に軍忠を抽んでたという。また、百々氏の二代高家の弟直信は、遠田郡涌谷《わくや》城主になったという（同上）。要するに、斯波氏一族が三代詮持以降、しだいに河内五郡に分封されてきた状況を示すもので、換言すれば河内が斯波氏の領国化してきた状況を反映するものである。

斯波氏が大崎氏と自他共に称されるようになるのも、この頃からである。すなわち、大崎氏の成立である。ちなみに、大崎氏の初見は次の「住心院文書」である。

大悲寺僧正遺跡熊野参詣檀那斯波殿御一家奥州大崎并被官人々先達上分等事、任㆓故僧正知行之旨㆒、可㆘令㆓相伝領掌㆒給㆖之由、検校准后令旨所㆑候也、仍執達如㆑件

応永廿九年十月十九日　法印（花押）

謹上　住心院法印御房

（「京都住心院文書」）

これによれば、応永二十年代にはすでに河内の斯波氏が「奥州大崎」の名をもって呼ばれていたことが知られる。なぜ、斯波氏が大崎氏とよばれるようになったか、これについて考察しよう。

「大崎」の由来について

従来の説では、「伊達正統世次考」の按文に「足利尾張守家氏、住二下総国大崎一」とあり、また、吉田東伍氏の『大日本地名辞書』に記載された「大崎家譜」の家兼の項に「祖先領二総州大崎一、故於二当国一曰二大崎一」とある。すなわち、家兼の祖先の足利尾張守家氏が下総の大崎（千葉県香取市）に居住したので、祖先の居住地の名をとって大崎氏と称したという。大槻文彦氏の『伊達行朝勤王事歴』でも「足利尾張守家氏が次男左《さ》近《こんの》将《しょう》監《げん》宗家《むねいえ》、下総の大崎庄と奥州の斯波庄とを相続して斯波氏とも大崎氏とも称せり」とある。

これら先学によって、斯波氏が大崎氏を称したのは祖先の家氏が下総の大崎に居住したからということが、従来、定説になっていたのである。しかし、家氏が下総の大崎に居住したという明証はまったくなく、「はじめに」でも述べたように、ここの大崎は鎌倉時代を通じて下総国分氏の所領で、その館跡もある。『日本地名大辞典』12千葉県（角川書店）によれば、下総の大崎は現在の香取市大崎で、中世は大戸庄に属し、千葉介常胤《つねたね》の五男国分胤通《たねみち》を祖とする国分氏の所領である。玄孫泰胤《やすたね》の代に大崎城に移ったという（『房総業書』『千葉大系図』）。館跡は現在、千葉県香取市大崎字城内にある。したがって、従来の先学の説は成立しない。

斯波氏が大崎氏を称したのは、河内五郡の地が当時、地域名として「大崎」とも呼ばれていたからであろう。たとえば、「留守家旧記」に応永七年（一四〇〇）、三代詮持が田村郡大越で切腹した後、十五歳の孫（満詮）が東福地対馬守ら十七人と逃げる際に「それより御とも十七人ヲ女房いてたちニて南長谷まで御下、それより大崎へ付（着）給ふ」とある。この場合の大崎は、河内と同様の意味に使用されている。

さらに戦国期になると、河内五郡の地は一般的に大崎とよばれるようになる。そもそも「大崎」という地名は、一般に丘陵部が平野部に突出したところに由来し、この地名は全国的に存在する。玉造郡の大崎は、荒雄川と鳴瀬川の間にはさまれた岩出山丘陵部が、いわゆる大崎平野に突出した先端にあり、まさに大崎の名に値する場所である。巨視的には、河内全域が大崎と見なされたのではないだろうか。この大崎全域が斯波氏の領国化したので、斯波氏が地域名を称して大崎氏となったのであろう。

第六章　六代・大崎持兼

大崎持兼の実名と官位

五代満詮の嫡子である。「寛永諸家系図伝」の「最上氏系譜」では左衛門佐《さえもんのすけ》、また、「続群書類従」の「最上系図」でも左衛門佐とある。持兼《もちかね》が左衛門佐の官途だったことは、前述の応永三十一年（一四二四）十二月三日の将軍御内書によって明らかである。

「系図纂要」（原本内閣文庫蔵）の「清和源氏源朝臣姓大崎」の項には、満詮の嫡子に「持兼一ニ持詮、左京大夫《さきょうのだいぶ》・左衛門督《さえもんのかみ》」とある。また、「伊達族譜」（仙台市立博物館蔵）には「持詮、左京大夫・従四位上、住二栗原郡小野沼洲賀一、因称二洲賀殿一、法名朔昌《さくしょう》、号修心院《しゅうしんいん》」とあり、「鹿島社神主覚書」には「六代持詮」とある。ほかにも『仙台武鑑』所収の「大崎家系図」、『大日本地名辞書』所収の「大崎家譜」等にも「持詮」とある。

持兼は持詮ともいったらしく、持兼の持は四代将軍義持の一字名を頂いたものであろう。五代満詮が「大洲賀様」（「留守家旧記」）ともよばれているので、満詮以来、小野沼の洲賀《すが》に居住して洲賀殿ともよばれたのであろう。一方、「留守家旧記」では持兼を「大崎六代朔の殿」、あるいは「朔の上様」ともよんでいる。その意味についてはよくわからないが、朔とは北方の意であり、多賀城の留守氏から見て持兼が北方にいたからでもあろうか。

持兼とその時代

六代持兼の施政がいつからはじまったかは明らかでない。応永七年（一四〇〇）、三代詮持が自刃したとき孫の向上院殿、のちの五代満詮は十五歳であった（「留守家旧記」）ことや、満詮が応永三十一年（一四二四）十二月、将軍に砂金百両と馬三疋を献上し、嫡子持兼の左衛門佐任官を獲得していることから、満詮が四十代、持兼は二十歳くらいの頃に施政がはじまったことになるだろう。

さて、「千葉文書」（大崎市立図書館蔵）の中に、次の官途吹挙状がある。

兵部丞所望事、所㆓挙申㆒也、可㆑存㆓知其旨㆒之状、如㆑件

応永三十五年　六月廿七日（花押）

弥十郎

（大崎市立図書館蔵「千葉文書」）

この文書は、ほかの千葉文書類と比較して料紙・書風共に断然、優れており、しかも正式な官途吹挙状でもあるので、明らかに奥州探題大崎氏のものである。官途吹挙は、管領あるいは探題のもつ特権の一つであり、これを行使できる者は探題以外にいない。

ところで、ここに据えられた花押は五代定詮（満詮）のものとも異なるし、七代教兼《のりかね》のものともまっ

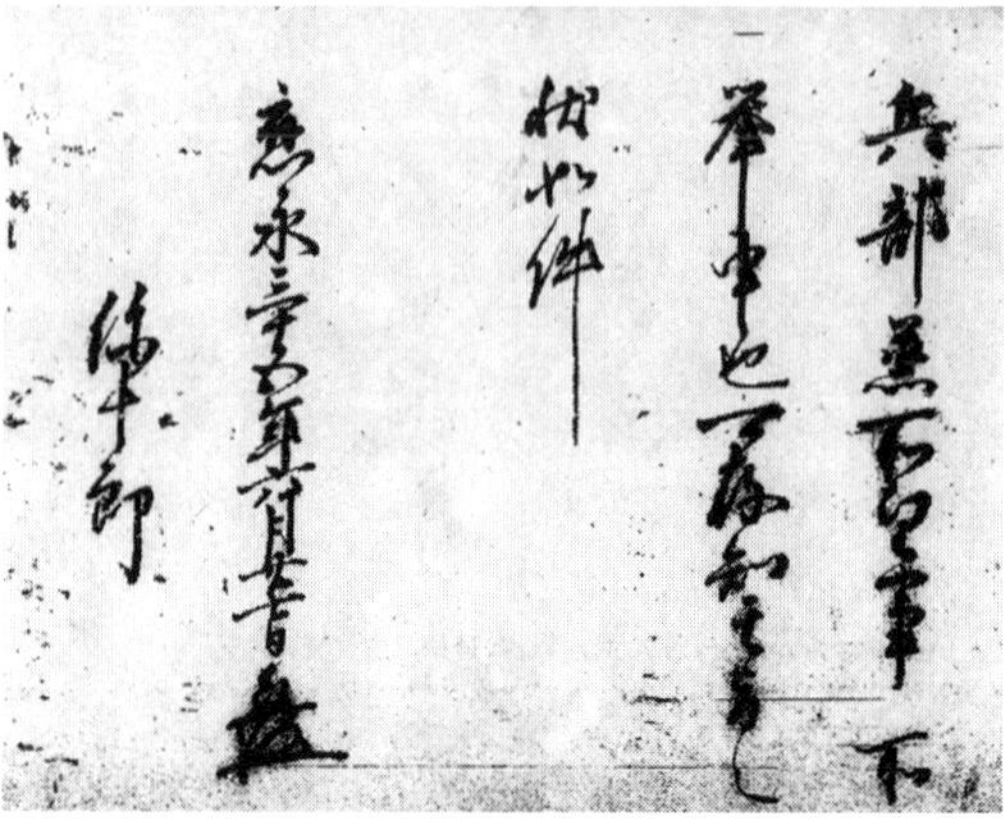

（推定）大崎持兼官途吹挙状　「千葉文書」　大崎市教育委員会蔵

たく異なる。したがって、この花押は六代持兼のものではなかろうか。持兼の花押はまだ確認されておらず断定はできないが、この官途吹挙状は持兼のものでないかと推定されるのである。応永三十五年（一四二八）はまもなく改元して正《しょう》長《ちょう》元年となるが、持兼の治政はこの頃からはじまって、七代教兼が登場する宝徳《ほうとく》二年（一四五〇）まで約二十数年間であった。

持兼の時代も、関東・奥羽は激動の時代が続いた。応永三十二年、将軍義量が十九歳で若死にし、正長元年には前将軍義持も死去し、幕府は義持の弟である義円《ぎえん》を還俗《げんぞく》させて義《よし》宣《のぶ》（のちの義教《よしのり》）と名乗らせた。そして、将軍後継者に決定し、翌正長二年（一四二九）三月、彼は将軍となった。

かねて将軍職への野望をもっていた関東公方の持氏は大いにこれを不満とし、再び幕府と対立するようになった。篠川御所の満直は幕府に持氏討伐を進言し、幕府も南奥諸氏へしきりに御内書を下して忠誠を求めた。幕府と持氏との対立はその後、関東管領上杉憲実《のりざね》の持氏に対する諫言や幕府への働きかけによって一時治まったかに見えたが、対立は依然として続いた。

永享《えいきょう》七年（一四三五）正月に至り、持氏は石川氏ら奥州の諸氏に篠川討伐を命じ、さらに七月には佐竹義憲《よしのり》を討たせた。幕府は訴により小笠原政康《おがさわらまさやす》に命じて義憲を援けさせている。永享十年八月、諫言を容れられなかった憲実は、ついに領国の上野に退去し、幕府は持氏討伐を関東・奥羽の諸氏に命じた（「看聞御記」「喜連川判鑑」等）。このとき命を受けたのは奥羽では南奥の諸氏だけで、「篠川殿の御手に属して忠節を致さるべし」というものであり、奥州探題の大崎持兼には特に幕府からの命令はなかったようである。

翌永享十一年（一四三九）二月、持氏および叔父の満貞（以前の稲村御所）は敗れて鎌倉の永安寺《ようあんじ》で自殺した。基氏《もとうじ》以来続いた鎌倉府は、ここに滅亡した。世に永享の乱という。翌永享十二年正月、持氏の遺子春王丸《しゅんおうまる》、安王丸《やすおうまる》の二子は下総の結城氏朝《うじとも》に擁せられて挙兵し、いわゆる結城合戦があったが、四月には落城して氏朝らは討ち死に、二子は京都に送られる途中、美濃《みの》の垂井《たるい》（岐阜県垂井町）で斬られた。

この結城合戦直後の六月二十四日、関東公方の持氏に対抗した篠川御所の満直も南奥の畠山・石橋・伊東・芦名・田村の諸氏に攻撃されて自殺し、篠川御所は滅亡した（「石川文書」「八幡宮長帳」「会津旧事土苴考」『郡山市史』所収「積達館基考」等）。明徳三年以来、五十年近く続いた鎌倉府の奥羽両国支配はここに終わりを告げた。さらに、その翌年の嘉吉《かきつ》元年（一四四一）六月には将軍義教が播磨守護の赤松満祐《あかまつみつすけ》に殺される事件が起こった（嘉吉の変）。

持兼の時代は以上のような激動の時代であったが、持兼の動きについては史料上の制約があってほとんどわからない。もちろん、彼は幕府任命の奥州探題であり、つねに幕府と密接な関係を保ち幕命を奉じていたに相違ないが、彼自身の積極的な活動は見られない。鎌倉府についで稲村・篠川両御所の滅亡は奥羽史上まさに画期的な大事件であり、この後、奥州探題大崎氏は奥州における唯一の幕府権力代行者として大きく浮かび上がることになる。

しかし、伊達・芦名・白川等の南奥の有力な諸氏はこの頃、「京都様御扶持衆」ということで将軍との直接的な関係が深く、大崎氏の奥州探題としての職権は以前のように南奥の諸氏には及ばなかった。中奥、北奥の諸氏に対してのみ、その職権を行使していたようである。次に、これに関して具体的に述べよう。

探題と国人の関係性

ここで改めて、探題と国人との関係について見てみよう。まず、探題は幕命を奉じて国人たちに所領の安堵や宛行を実施する。国人たちは、これによって一所懸命の土地の領有を保証される。次に、国人たちは探題の挙中によって官途を得、それではじめて中世国家の支配階級の一員たりうるのである。国人同志の紛争に際しては、探題が原則として裁判権を有した。また、謀叛人の平定、治安の維持などの軍事警察権はすべて探題の権限であり、国人たちはその命に従わなければならない。要するに、探題は幕府権力の代行者であり、国人たちの大将なのである。しかし、いわゆる下剋上の時代になって国人たちが次第に勢を得、探題の権力や権威が衰えつつあったことはいうまでもない。

次に、探題と国人との関係を具体的に宮城郡の留守氏の場合について見てみよう。

留守氏は文治《ぶんじ》五年（一一八九）、平泉《ひらいずみ》藤原氏の滅亡後に源頼朝が陸奥国留守職に任命した伊沢家景《いさわいえかげ》の子孫である。奥州総奉行を任せられた葛西清重《きよしげ》の子孫の葛西氏と並ぶ奥州随一の名族であった。鎌倉時代から多賀国府、あるいは高森城《たかもりじょう》（仙台市宮城野区）にいて宮城郡の北東部を領した。同郡の西南部は国分氏の所領で、両氏は宿命的なライバルでもあった。

留守氏は南北朝末期から室町時代にかけて、十一代駿河守家明の時代であった。応安末年の吉良・畠山氏の戦いのとき、当時十七歳だった彼は畠山方に味方し、吉良方に味方した大崎氏の執事である氏家氏と戦い敗れたことは前述した。その結果、留守氏は隣人の国分氏に所領をかなり奪われることになり、家明は頽勢挽回のため大崎六代持兼の援助を仰ごうと、持兼の弟の直兼《なおかね》を居城の高森城に迎え入れた。「留守家旧記」には、次のように記されている。

駿河守（家明）、悉本所を国分へ取られ候て、其いきとをりおひたゝし、大さき六代朔の殿御舎弟弥三郎直兼と申候、後ニ青塚殿と申候を我が城高森へ申越、我か宿所うわたてニ置奉り、駿河ハ中城へおり、其後ハ村岡城、おと（乙）森へおり給ひて、代官ニ村岡刑部少輔、遠江守舎弟也、南宮佐藤ヲさしそへ奉り、いつきかしつき奉り候留守家明は、大崎直兼をあたかも主君のようにもてなしたのである。しかし、直兼は一向に国分氏との決戦は行わず、大谷保・高城保ほか河内・名取などに自己の所領を拡大することのみに専念し、「国二二人の大将のごとく」存在した。そして、「宮城衆」の跡目相続のときも、まず高森殿直兼の判を給わってから、のちに家明の判を頂くというわけで直兼の専横がはなはだしくなった。

そこで家明は断然、直兼を排斥することに決し、探題の持兼も「もっともである」として直兼を召し返し、志田郡青塚郷ほか二・三ヶ所だけ与えて蟄居させることになった。留守氏ら有力国人層が奥州探題大崎氏の権威を借りようとしたこと、持兼が地方国人層を膝下に取りこもうと図ったことが、結果としては裏目に出たことになり、この後「宮城衆」は「大崎ヲすてたてまつり、伊達をたのむなり」と旧記は記している。

しかし、このあとも探題大崎持兼と留守氏との関係はしばらく続く。留守十二代の四郎詮家《しろうあきいえ》（母は山内女）は持兼の判で留守宗家を継いだ。この詮家の代に、留守領内に大規模な内乱が起こった。留守氏の最も有力な一族で宿老である村岡《むらおか》氏の家督相続争いが中心なので、私はこれを村岡騒動とよんでいる。「留守家旧記」では「応永年号はしめつかたの事也」と記しているが、応永初年は十一代家明の時代であるからこれは誤りで、留守氏は十二代詮家、大崎氏は六代持兼の時代であるから、永享年代のことであろう。

当時、村岡氏の惣領に総州《そうしゅう》という人がいた。ところが、一族の村岡宮内少輔《くないのしょう》が惣領の地位をうかがったため総州に追い出されて、彼は大崎氏に走って加美郡小泉郷（宮城県加美町小泉）を給せられ、大いぬ《（狼）》に居住した。その弟に兵部少輔《ひょうぶのしょう》という兵法の大家があった。この兄弟が大狼《おおいぬ》塚で兵を集め、一夜のうちに総州父子五人を討ち取った。兄弟は被官十七人と共に宮城郡稲沢に館を築いたため、留守詮家は三百余騎を率いて討伐に向かった。村岡兵部少輔は討ち死にの覚悟をさだめ、「日夜七日間、やぐらにのぼり矢をいる」奮戦ぶりだった。

やがて採題の持兼は、宮内少輔兄弟の救援のため府中山板谷通りからそうの関まで出張した。そうの関とは、宮城県利府町森郷惣の関のことである（『利府町誌』）。そのため、詮家は持兼に恩義がある関係上、「おそれたてまつり陣を引退」した。こうして、宮内少輔は持兼支援のもとに村岡氏惣領の地位を獲得し、弟の兵部少輔は大崎氏の軍奉行となった。また、留守詮家はこの事件によって持兼から切腹を命ぜられた。

詮家切腹ののちに、今度は留守家で詮家の兄弟の美作守《みまさかのかみ》持家《もちいえ》と飛驒守《ひだのかみ》（三郎二郎《さぶろうじろう》）との間に家督相続の争いが起こった。このとき、村岡兵部少輔の嫡子長門守《ながとのかみ》は美作守を擁立しようとして伊達氏を頼り、惣領の村岡宮内少輔の嫡子遠江守《とおとうみのかみ》は飛驒守を擁立しようと大崎氏を頼んだ。こうして両派の間に三年にわたる内戦が行われ、ついに伊達派の勝利に帰して、美作守持家が留守氏十二代を継ぎ、長門守は遠江守に代わって村岡氏惣領となった。この騒動以後、留守氏は採題大崎氏から離れてしだいに伊達氏の勢力下に従うようになり、これに乗じてこの後伊達氏は留守氏に対して再三の入嗣を強行することになる。

持兼（註）は、以上のように村岡氏・留守氏の家督相続争いに干渉したが、さらに永享八年（一四三六）には和賀郡の和賀氏一族の内戦（相続争いヵ）にも奥州探題として鎮圧のために出動した。稗貫状《ひえぬきじょう》（『南部叢書』「聞老遺事」）に「剰へ大崎の探題の御勢、御発向し候、御旗の先陣は箕輪殿、後陣は河凰信州並びに笠原殿・班牛殿、控えられ候、是れ亦た大慶至極に候」とある。管国内の平和維持は、探題として最も重要な任務の一つだからである。さらに彼は、黒川郡の黒川氏の内紛にも干渉し、黒川氏直《うじなお》の子氏基《うじもと》を大衡郷で攻め殺した。これについては、『大和町史』所収の「源姓大衡氏譜」（岩手県水沢市・大衡忠氏蔵）を参照してほしい。ただし、同譜ではこの事件を「文明七年秋」としているが、文明七年秋は大崎氏が七代教兼の時代であり、再検討を要する。

　このように関東公方、稲村・篠川両御所の滅亡以後、持兼は奥州探題として奥州における唯一の公権力の担当者として活躍した。大崎氏が奥州探題として名実共に最も栄光を放ったのは、この六代持兼の時代ではなかったかと考えられる。

第七章　七代・大崎教兼

内裏段銭の徴集と貢馬

七代教兼《のりかね》は、「系図纂要」に「左衛門佐」と官途のみを記している。六代持兼の嫡子であり、六代将軍義教の偏諱《へんき》を受けて教兼と名乗り、父の官途をひき継いで左衛門佐となったのであろう。左衛門佐の官途は諸系図ですべて一致している。「留守家旧記」には「左衛門佐教兼」を註して「是ハ洲賀御事」とあって、その住所が長岡郡小野の洲賀であったことがわかる。

彼の奥州探題としての活動が、いつ頃から始まったか明らかではない。「南部家文書」の年欠六月十一日八戸河内守宛教兼書状に、

（追書）両国へ被レ成二綸旨一候、是又珍重候、同事書書写遣之候、内裏段銭之事、先度被二仰出一候、然者太田大炊助使節候、定近々其方へ可二下着一候、速沙汰候者、可二目出一候、恐々謹言

六月十一日　　教兼（花押）

八戸河内守殿

とある。

大内裏造営費は、特定国の公田《こうでん》より徴集する段銭《たんせん》に依存し、その徴集の任に当たるのが奥羽両国の場合は奥州探題大崎氏になるわけで、教兼が南部一族の八戸河内守に「内裏段銭」を速やかに納入するよう要請したものである。書状であるので年欠であるが、左の室町幕府奉行人奉書によれば、この造内裏段銭のことは宝徳四年（一四五二）、幕府から奥州探題の教兼に命ぜられたものであったことがわかる。

造　内裏段銭事、先度被レ仰二探題一訖、早相二懸知行一分、可レ被二究済一之由、所レ被二仰下一也、
仍執達如レ件

宝徳四年七月五日　沙　弥（花押）
美濃守（花押）

石川一族中

（「遠藤白川文書」）

これによって、宝徳四年にはすでに教兼の奥州探題としての活動がはじまっていたことがわかる。なお、「醍醐寺文書」の（宝徳二年）卯月十一日僧有良書状に、寺領の出羽国赤宇曽《あかうそ》郷（秋田県由利本荘市）の年貢徴収問題に関して、雄勝《おがち》郡の小野寺家道《おのでらいえみち》が頼りにならなければ、「大宝寺にても大崎殿様にても」相談するよう進言している。だが、この「大崎殿様」が教兼であれば、彼は宝徳二年にはすでに奥州探題として活動していたことになり、さらに探題の勢力が出羽方面にまで及んでいたことがわかる。

次に、幕府との貢納関係についてみれば、寛正《かんしょう》六年（一四六五）に大崎氏をはじめ、南部・白川・大宝寺《だいほうじ》の四氏に対して幕府から将軍乗馬の進上が命ぜられた（「蜷川親元日記《にながわちかもとにっき》」）。飛脚は僧禅久《ぜんきゅう》である。教兼に対しては、執事の氏家安芸守《あきのかみ》宛になっている。これに対して、教兼が馬を進上したか否かは明らかでないが、南部氏はこの年八月二十四日、大宝寺氏は九月二日、いずれも馬を進上している（「蜷川親元日記」）。この年五月十二日には、「奥州探題内」の氏家伊予守宗政《いよのかみむねまさ》が将軍に対して漆十盃を進上した旨の書状が届けられた（「蜷川親元日記」）。宗政と氏家安芸守との関係は不明だが、宗政の進上はたぶんに政治的目的、すなわち地位獲得、あるいは地位承認の要求があったのではなかろうか。これに関しては、羽下徳彦著『中世日本の政治と史料』（吉川弘文館）所収「中世後期武家の贈答おぼえがき」が極めて示唆的である。

足利成氏の討伐で関東大乱が始まる

教兼の探題としての活動は、十五世紀半ばの宝徳年間から文明十年（一四七八）頃まで約三十年の長さにわたるが、この時代も中央・地方共に波瀾の多い時代であった。室町幕府は八代将軍義政《よしまさ》の時代で、京都では応仁・文明の大乱が十年も続き、関東では宝徳元年（一四四九）、

七代　大崎教兼花押

さきに自殺した関東公方持氏の末子成氏《しげうじ》が鎌倉府を再興したが、彼は幕府の意に反して関東管領上杉憲忠《のりただ》（憲実《のりざね》の子）を誘殺し、そこから関東大乱がはじまった。この大乱で幕府は成氏討伐に決し、これより関東各地で幕府軍と成氏軍との戦があった。長禄《ちょうろく》元年（一四五七）、成氏は下総の古河《こが》城（茨城県古河市）に移り、幕府は将軍義政の弟である政知《まさとも》を伊豆《いず》の堀越《ほりごえ》（静岡県伊豆の国市）に置いて関東を鎮撫させることになり、両公方が対立してますます波瀾は拡大した。

寛正元年（一四六〇）十月二十一日、幕府は関東・奥羽の諸氏に対して成氏討伐の大動員令を発した。奥州探題の教兼に発給された将軍義政の軍勢催促状（史料34）によれば、当時、教兼の奥州探題としての軍事指揮権の任務が明確に示されている。すなわち、教兼は奥州の国人等を召集して早速参陣すべきこと、難渋の輩は厳罰に処するから交名《きょうみょう》を注進すべきことなどが命ぜられている。

また、豪族の葛西氏に対しては、同じ日付で「不日属二左衛門佐手一」戦功を抽んでるべきを命じている。このほか、同じ日付で出羽探題の山方《（形）》氏にも「不日相二催国人等一、令二発向一」ことが命ぜられた。同じ日付で伊達・芦名・白川・小峯《こみね》・塩松（石橋）・二本松（畠山）・猪苗代《いなわしろ》・二階堂・安積・信夫《しのぶ》・石川・田村・岩城・岩崎・標葉《しねは》・相馬・国分・黒川・大泉（大宝寺）ら、奥羽諸氏合計二十四氏に義政の御内書が幕府使節である太田大炊助《おおたおおいのすけ》によって届けられた。

いかに成氏討伐のことが当時、幕府にとって緊急の課題だったかがわかるが、出兵を命ぜられた奥羽の諸氏は出兵に極めて消極的だったことが、諸氏に宛てられた軍勢催促状の内容からもうかがえる。

奥州探題の大崎氏が管下の国人等に対して軍勢催促状を発した例もなく、また、国人等が出陣した具体的例証もない。結局、幕府は成氏を討伐することができず、二十二年後の文明十四年（一四八二）十一月、義政は成氏と和睦する結果になり、成氏は明応《めいおう》六年（一四九七）に六十四歳で死んだ。当時、幕府の威信はまったく地におちていたと言ってよい。

栗原郡進出による富沢氏との戦い

奥州探題大崎氏をはじめ、奥羽両国の諸氏が数次の幕府の催促にもかかわらず、成氏討伐に参陣できなかったのは、当時の諸氏の領内事情がある。いわゆる下剋上の嵐がどこにでも波及し、諸氏は相互に所領争いするほかに、家臣たちの反乱につねに悩まされていた。教兼時代の寛正・応仁年代には、特に諸氏の紛争が激しく、寛正六年（一四六五）、将軍義政が成氏討伐に懸命になっている最中、探題の教兼と栗原郡三迫《さんのはさま》の富沢河内守《とみざわかわちのかみ》との間に合戦があったことが、将軍義政御教書によって知られる（史料35）。

ここでは、私闘は早く止めて成氏討伐に参陣せよというが、このような要請は他の諸氏に対してもあったのであろう。

富沢氏は葛西氏の一族で、「留守家旧記」によると、その先祖は葛西れんせい（蓮西）の十六番目の子、右馬助《うまのすけ》である。彼は南北朝時代の応安末年、奥州管領吉良・畠山両氏の争いのときに、宮城郡竹城保長田の戦で吉良方に味方し、その忠節によって三迫の富沢郷を賜り、「其後、いせい《（威勢）》いやまし《（弥増）》ニて」「富沢・三迫高倉庄七十三郷・西岩井のこほり《（郡）》廿三郷のぬし《（主）》」になったという。この戦いで右馬助と共謀した上形《うわかた》氏も功によって二迫《にのはさま》栗原小野松庄二十四郷を賜ったという。

この後、富沢・上形の両氏共に栗原郡において大きな勢力となり、探題大崎氏の栗原郡進出に際してしばしば合戦があった。なお、富沢氏は代々三迫の鶴丸館《つるまつたち》（岩ケ崎城）を本拠とし（「封内風土記」）、大崎・葛西両氏の間にあって独自の行動をとっていたが、戦国末期には伊達氏との関係を深めた（「貞山公治家記録」）。室町時代に大崎氏が大崎五郡を領国化したといっても、富沢氏のような有力な国人領主がなお各地に存在し、大崎氏の領国支配は決して安定したものではなかったのである。

中奥の争乱を物語る「薄衣状」

葛西氏の一族で親子二代にわたって探題の大崎氏に忠誠を尽くしたという薄衣《うすぎぬ》美濃《みの》入道《にゅうどう》経蓮《けいれん》が、文明元年（一四六九）十二月十三日、大崎氏の奉行所に提出した申状によると、当時、中奥の大崎領や葛西領ではつねに争乱が絶えなかったことが詳細に記されている。この申状は、争乱鎮撫のために「公方様」（探題教兼）の出馬と「伊達兵部少輔《ひょうぶのしょう》成宗《しげむね》」の助力を要請したもので、一般に「薄衣状」とよばれる有名なものである。

しかし、従来、近世の仙台藩史官の記した「伊達正統世次考」（略して「世次考」）によって、その成立年代が誤られている。「世次考」では、「薄衣状」文中にある「去間、欲レ致二味方一、去年壬十月十五日、江刺之弾正大弼と入道、同時出陣仕候」に注目して、「閏十月在二明応七年一。因知二此状明応八年一也。先レ是閏十月在二応永十年一。丁二于政宗公一也。」としているが、これは大きな誤りである。『三正綜覧』（一八八〇年・内務省地理局編）によれば、「閏十月」はたしかに明応七年（一四九八）にあるが、これより先の「閏十月」は「世次考」のいう「応永十年」（一四〇三）ではなく、応仁二年（一四六八）にある。しかも、この申状は「伊達兵部少輔成宗」の助力を期待したもので、伊達成宗時代のものであることは明らかである。

成宗は八代将軍義成《よししげ》（享徳二年〈一四五三〉義政に改む）の一字名を賜り、大崎教兼とほぼ同世代の人である。これに対して「世次考」のいう「明応七年」は成宗の長男尚宗《ひさむね》の時代である。尚宗の発給文書の初見は、現在、長享三年（一四八九）四月十九日、海善坊《かいぜんぼう》宛伊具庄《いぐのしょう》地次郎郷内海善坊在所の棟役免除状（「伊達家文書」）である。しかし以後、多くの知行宛行状を発給しているところを見ると、当時、父の成宗は死亡、あるいは隠居して尚宗の時代になっていたことがわかる。明応七年はすでに尚宗の時代である。したがって「薄衣状」の成立年代は明応七年の翌年ではなく、成宗の活躍した応仁二年の翌年、すなわち文明元年のものであることは明らかである。

さて、当時の中奥の争乱を物語る「薄衣状」の内容は、おおむね次のようなものである。

一、国中のことは、探題の御下知といえば、貴賤も手を束ねる次第。自分も父子二代にわたって公方（探題大崎氏のこと）の味方をいたし、とりわけ佐沼《さぬま》城を攻め落とした忠勤は隠れもないことである。

二、このたびの事件の発端は上形（栗原郡二迫領主）、富沢（栗原郡三迫領主）の両氏が私怨のために二迫彦二郎を切腹させ、かつ両人は「過分僻事」を好んで、公方（大崎氏）の胸を痛ませたにもかかわらず、何の沙汰もなかったことにある。これはどういうわけであろうか。

三、古川殿の計略で富沢河内守ばかりが「御赦免」になり、富沢は以後、公方を一途に守ることを申したが、これを妬んだ柏山《かしわやま》（西磐井郡）・金成《かねなり》（栗原郡）・黒沢（西磐井）は富沢を殺してしまった。このことで、自分も公方の御不審を蒙って空しく十年余を過ごしたが、最近、江刺三河守《えさしみかわのかみ》、寺崎下野守《てらさきしもつけのかみ》（東磐井郡）のはからいで公方からようやく赦免された。

四、その後、まもなく玉造郡岩手山の氏家三河守入道殿（大崎家執事）や氏家安芸守らが公方の意に背いて引っ込み、ときどき大崎領内に出没して凶悪をはたらき、続いて遠田郡の「百々上様」（教兼次男左近大夫高詮）の家臣平塚久元《ひらつかひさもと》も主君に叛いたので、百々氏は栗原郡の内ヶ崎（教兼三女の夫）に落ちのびた。

五、この頃、公方は石川越前禅門《えちぜんぜんもん》・中目禅門を両使として江刺三河守入道に合力を要請したが、再三ことわられた。そこで、自分は公方に味方しようとして、去年（応仁二年）閏十月十五日、江刺禅正大弼と共に出陣したが、翌月十三日、その弟が叛逆したので、味方の登米の軍兵は長谷《はせ》城に籠城することになった。

六、この後、葛西・大崎領の各地で公方方と叛乱軍の戦闘がくり広げられた。

七、来年二月にも公方様御自身甲を着られ、佐沼辺まで発向され加賀野《かがの》（登米郡）に陣を張られるよう切望する。

八、江刺弾正大弼が糠部その他、斯波・稗貫・遠野・和賀・須々孫《すすまご》の猛勢を率い、伊沢郡の大林に陣を張り、これに仙北《せんぼく》・由利《ゆり》・秋田《あきた》の勢まで参陣したならば、たとい反乱軍の巨魁伊沢郡の柏山伊予守がいかに樊会の勇ありとも、これを征伐することは可能である。

九、こうして伊沢郡が平定され、さらに公方一門の「一迫上様《いちはさま》」（教兼三男刑部少輔某、一迫の狩野宗家を継ぐ）が栗原郡に出陣したならば、柏山と結んでいる富沢や上形を征伐することはたやすいことである。

十、自分は現在、東山の門崎城に引き籠もり、松河・長崎の勢と戦おうとしているが、採題の援助を受けたならば本来の宿敵の首をはねることができて、自分としてこれ以上の幸いはない。さらに伊達兵部少輔成宗が味方をしてくれるならば、自分一人のみでなく、国のため、民のためになることはご存知の通りである。

さて、この「薄衣状」がどの程度まで真実を伝えているか、よくわからないが、教兼時代の領内の混乱ぶり、さらに中奥の国人領主たちの争いがよく示されており、室町時代の奥羽史研究上、極めて重要な史料といえる。同時に、奥州探題の権威が国人たちに観念的に意識されているにしても、探題としての実権はほとんど弱体化していたとみることができよう。

これに反して伊達氏がこの頃、奥羽の実力者として国人たちから認められていたことも、この「薄衣状」でよく知ることができる。なお、これに記されている騒乱の中心部は主として栗原郡の東北部で、ここは大崎・葛西両勢力圏の境界線である。両勢力の基本的な対立に乗じて国人領主たちが、それぞれの利害によって行動し、騒乱を拡大したものであろう。大崎氏の奥州探題職は、すでに教兼の時代に弱体化していたのである。

葛西氏との紛争

大崎氏の領国形成は初代の家兼以来、志田郡師山を拠点として徐々に進められ、志田・玉造・加美・長岡・栗原・遠田等の諸郡に及んだとみられるが、その東北方の牡鹿《おしか》・桃生《ものう》・登米《とよま》・西磐井《にしいわい》などの隣接する諸郡には、鎌倉期以来の大豪族である葛西一族が割拠していた。

葛西氏は秩父《ちちぶ》平氏の葛西三郎清重《きよしげ》を祖とし、下総の葛西が本領で、清重は文治五年（一一八九）の頼朝の奥州征伐に従軍して大功をたて、戦後、磐井・胆沢《いさわ》・牡鹿等を拝領し、さらに奥州総奉行の重職に任じた名門である。南北朝時代には、葛西清貞《きよさだ》が南朝の忠臣として活躍したことも有名だが、室町時代にはすでに幕府直属の大名として、一族がいわゆる「葛西本所五郡二保」に割拠して勢力を張っていた。「留守家旧記」には、「葛西本所五郡二保とハ、江刺・伊沢郡・気仙二、元良二、岩井郡、興田保、黄海保是也」とある。そして、隣接する大崎氏との間に紛争が絶えなかった。

一方、両者の境目にある各地の国人領主たちは、絶えず両勢力を背景に争ったり、あるいは相互の独立性を維持するために国人一揆を結ぶことが多かった。それにもかかわらず、大崎・葛西など大勢力の圧迫に抗しえず、結局、いずれかの大勢力の庇護を受けざるをえなかった。

たとえば、桃生郡深谷保の領主である長江《ながえ》氏は鎌倉期以来の地頭職をもつ名門であるが、桃生北方の首藤氏及び登米郡の登米氏と一揆契約を結び、互いに連合して独立を保っていた。しかし、大崎あるいは葛西の勢力に圧迫され、教兼時代の寛正年中、長江氏はついに伊達氏に属してその保護を受けるようになった（「伊達正統世次考」）。

次に、大崎・葛西両氏の勢力圏の境にある遠田郡はもと北条氏の得宗領で元弘没収地になり、いわゆる無主の地であった。しかし、奥羽両国が鎌倉府の治下に入ってからは関東公方の直轄となり、「御公領ニ萬貫所也、御年貢ニ八年ニ一度砂金もつ一のほりニ候」といわれた。関東大乱後、同郡は大崎・葛西両氏の競合の場となったが、文明三年（一四七一）、教兼は伊達成宗の調停を受け入れて遠田の替地として遠田十七郷・小田保荒井七郷を葛西浄蓮へ相渡して、一件落着した（「留守家旧記」）。ここにも伊達氏の大きな力がはたらいている。

大崎教兼の子供たち

教兼の治世は宝徳二年（一四五〇）頃から、少なくとも文明十年頃（一四七八）まで約三十年の長きにわたる。宮城県加美町四日市場の「鹿島社神主覚書」（以下、「神主覚書」）によると、その妻妾や子女の数も多かった。彼には九男四女があったという。

男子は嫡子固岳《（政兼）》・百々・一迫・高泉《たかいずみ》・中新田《なかにいだ》・古川《ふるかわ》・師山《もろやま》・中里《なかざと》五郎《ごろう》殿・平柳《ひらやなぎ》七郎《しちろう》殿。女子は梁《やな》川《がわ》・黒川《くろかわ》・内《うち》ケ崎《がさき》・輪光寺《りんこうじ》である。ちなみに「神主覚書」については、東京大学史料編纂所に明治時代から「伊達家旧記」一に「加美郡四日市場村鹿島社内ニ有之神主覚書一巻之写」として、その写本があった。一九五六年、私は鹿島社でこの「神主覚書」を調査し、のちに論文等である程度これを利用したが、その後、伊藤信氏がさらに詳細に調査し、これを「大崎家・鹿嶋社古記録」として発表された。

嫡子は固岳で、教兼の跡を継いで八代政兼《まさかね》となる。固岳はおそらく法名であろう。次男の「百々《どうどう》」は左近大夫《さこんのだいぶ》高詮《たかあきら》で、遠田郡大沢《おおさわ》（大崎市）の城主である（「伊達正統世次考」巻八下）。三男の「一迫」は刑部少輔《ぎょうぶのしょう》某で、一迫の狩野《かのう》氏宗家を継いで真坂《まさか》城に拠り、以後、狩野氏宗家は一迫を称した（「伊達正統世次考」）。狩野氏はもと鎌倉御家人で、伊豆国狩野庄の住人、行光《ゆきみつ》が奥州合戦に従軍して一迫を賜った。代々真坂城に住し、一迫川流域の豪族に成長して大崎氏に仕えた（『宮城県姓氏家系大辞典』）。四男の「高泉」は長門守定家《ながとのかみさだいえ》で、大崎三代詮持の次男である出羽守持家（大崎西殿）を祖とする高泉家を継いだ（「伊達世臣家譜」）。長岡郡（栗原郡）高清水の城主である。五男の「中新田」の名前は不詳だが、後述のように九代義兼《よしかね》ではなかろうか。六男の「古川」は志田郡古川の城主である。七男の「師山」は大崎氏初代家兼の拠点だった師山の城主となり、師山氏の祖となった。八男の「中里五郎殿」は志田郡中里の城主、九男の「平柳七郎殿」は加美郡平柳城主である。八男・九男のみが特に「五郎殿」「七郎殿」と「殿」よばわりをされている理由についてはよくわからない。

次に、長女の「梁川」は伊達郡梁川の伊達成宗に嫁して尚宗を生んだ人で、この縁組は室町幕府の上使としてしばしば奥州に下向した太田氏の媒酌によるものだったという（「伊達正統世次考」尚宗公）。なお、太田氏は宝徳四年の造内裏段銭、寛正六年の南部馬貢進のときに、太田大炊助あるいは七郎七《しちろうしち》太郎《たろう》の名で見える。次女の「黒川」は黒川郡の領主黒川氏、三女の「内ヶ崎」は栗原郡の内ヶ崎城主内ヶ崎氏に嫁した。「伊達世臣家譜」に内ヶ崎氏の祖先を教兼の次男である内ヶ崎中務初称彦次郎兼《かね》宣《のぶ》としているが、これは誤りであろう。四女の「輪光寺」は輪光寺（伊達郡梁川）に嫁した娘であろう。

このように、教兼は河内諸郡の要地に九人の子息を配置して領国支配の強化を図るとともに、さらに伊達氏・黒川氏と婚姻関係を結ぶことで提携をはかった。

晩年の教兼は文明九年（一四七七）五月、子息五人の口宣《くぜん》を幕府に申請している（「蜷川親元日記」）。だが、その具体的内容や結果については明らかでない。教兼の没年代についても明らかでないが、おそらく文明九年後、まもなくのことではなかろうか。法号は龍谷寺《りゅうこくじ》殿である（「仙台武鑑」所収「大崎家系図」、『大日本地名辞書』所収「大崎家譜」等）。小野城の北丘陵の西北隅に残る龍谷寺址は、教兼の菩提寺があった場所であろう。

奥羽諸氏の身分格式と書札礼

教兼の時代の文明年間に、事実上、成立したと考えられる「留守家旧記」に、室町時代の奥州の国人たちが大崎氏のもとに祇候した際の座席の序列を記したものがある。

> 大崎ニハ両国諸侍の御座、前々より相定候、伊達・葛西・南部三人ハ何事も同輩御座ス、一間くち（口）さかり候、前々ハ留守殿ハ、伊達・葛西より扇たけ御座あかり候、伊達宗冬（遠）、威勢を取られ、留守家助いせいをうしなハれ候以後、留守座一間半さかられ候、白川・蘆名・岩城なとも一間半さかり候、伊達・葛西の一そくハそれよりさかり候

しかし、実際にはこのような状況はありえなかったもので、要するに旧記の筆者は奥羽諸氏の身分格式をこのような形で表現し、大崎氏が奥州探題として奥羽両国の統率者であることを強調し、大崎氏に対する忠誠を促したものである。旧記の後半に記す詳細な書札礼《しょさつれい》も同様の趣旨で記されたもので、大崎氏が奥州探題として、ほかの奥羽諸氏とは別格の存在であることを書札礼の上からも強調したものである。

書札礼とは、書状を作成する際の守るべき心得である。武家の書札礼が明確になるのは室町時代で、

書止《かきとめ》・差出書《さしだしがき》・宛所《あてどころ》の書き様などで礼の厚薄を示すのである。最も厚礼なのは進上書《しんじょうしょ》で、宛所に「進上」と記す。室町将軍家に書状を出す場合などである。披露状《ひろうじょう》の形式で、仲介者（取次《とりつぎ》）には、大崎教兼の場合、はじめは本家の幕府管領斯波氏（三条烏丸殿）に依頼したが、のちに政所執事の伊勢氏や飯尾《いのお》氏に依頼した。「留守家旧記」には、

進上　烏丸殿　　左衛門佐教兼

裏書ハ無御申

とその一例を示している。

次に厚礼なのは謹上書《きんじょうしょ》で、宛所に「謹上」と記す。教兼より奥羽両国の諸氏へ謹上書で差出されるのは、斯波（高水寺城）・塩松・二本松・山形（最上）・天童《てんどう》（最上一門）の五氏だけで、いずれも足利一門衆である。「留守家旧記」にはその例として、

謹上　山形殿　　左衛門佐教兼

アナタヨリハ

謹上　大崎殿　　源義春（最上義春）

御宿所

とある。最上義春より教兼に対しては、特に「御宿所」という脇付《わきつけ》を付しているのは厚礼を示している。さらに、両国の外様《とざま》衆に対しては、

伊達大膳大夫殿　　　教兼

葛西陸奥守殿　　　教兼

南部修理大夫殿　　　教兼

留守出羽守殿　　　教兼

と、上所はなく宛名のみを記し、差出人の教兼は左衛門佐という官途を示さず、諱《いみな》のみを記している。書札としては薄礼のもので、打付書《うちつけがき》ともいう。これに対して先方よりは、

謹上　大崎殿　　　藤原尚宗（伊達）

　　　御宿所

進上　中目殿　　　武蔵守宗清（葛西）

進上　中目殿　　　南部修理大夫

進上　大窪殿　　　藤原景宗（留守）

伊達氏は大崎氏に対して謹上書に「御宿所」という脇付を付し、葛西・南部・留守の三氏は最厚礼の進上書で、大崎氏の執事である中目氏、あるいは大窪《おおくぼ》氏を取次者として披露状の形式をとっている。要するに、書札礼の上からも大崎氏は奥州探題として最高の権威者であることを示したのである。

第八章　八代・大崎政兼　九代・大崎義兼　十代・大崎高兼

大崎政兼

七代教兼の嫡子で、大崎氏代々の通称である彦三郎を襲名し、また、八代将軍義政の偏諱を賜り政《まさ》兼《かね》を名乗った。文明十年代（一四七八年以降）に教兼の跡を継いで奥州探題となった。「会津四家合考附録」の「大崎家譜」、仙台市立博物館蔵の「伊達族譜」「内族譜」第四には、政兼の項に「彦三郎・陸奥守・法名固嶽・号長松院《ちょうしょういん》」とあり、他の諸系図にも「陸奥守」の官途を記しているが、陸奥守に任ぜられた確証は、現在見当たらない。しかし、文明九年に父教兼が五人の子息の官途を挙申した際、嫡子の政兼を陸奥守に挙申するのは考えられないことではない。

政兼の治世は文明十年代、一四八〇年代の前半で短く、その関係文書も伝来しないので、彼に関する事績は不明である。おそらく、父教兼ほどの器量才幹はなかったのではなかろうか。彼の時代は、伊達氏では十二代成宗の時代に相当する。成宗は文明十五年（一四八三）十月、上洛して莫大な金・馬等を将軍家はじめ幕府要路に贈り、奥州におけるその地位の向上をめざしつつあった（「伊達家文書」「伊達成宗上洛日記」）。それとは対照的に、大崎氏はこの頃から急速に下り坂になる。

「鹿島社神主覚書」によると、政兼には男子がなかった。「伊達正統世次考」天文《てんぶん》十五年六月七日の按文には、「二本松畠山氏の一族本宮宗頼《もとみやむねより》は左京大夫政兼の子なり」とあるが、これは確かではない。「神主覚書」によれば、政兼には息女一人しかなかったのである。この息女は黒川郡領主黒川晴氏《はるうじ》に嫁して黒川景氏《かげうじ》を生んだ（『大和町史』所収「源姓黒川氏大衡家譜」）。政兼は文明末年に死亡したらしく、男子がなかったため家督相続問題が起こり、この頃から一族や国人たちの間に分裂抗争がはげしくなり、大崎領は急速に乱れるようになった。

政兼の法名は固岳、号は長松院で諸系図の一致するところである（「系図纂要」「伊達族譜」巻五・『大日本地名辞書』所収「大崎家譜」等）。小野の南方の馬放に長照院《ちょうしょういん》という寺があるが、これはもと政兼の菩提寺であったのかもしれない。

大崎義兼

八代政兼には男子がなかったので、おそらくその弟八人の中の誰かがいろいろな紛擾の末、九代義兼となったのであろう。この場合、「神主覚書」によると、七代教兼の次男は百々家に、三男は一迫の狩野家に入嗣している。この三男については刑部少輔を称し、一迫真坂城に拠って一迫氏を称したことがわかっている。四男も高泉家に入嗣しているので、中新田に分封された五男がまず浮かび上がってくる。しかも、義兼の跡を継いだ十一代義直《よしなお》・十二代義隆《よしたか》がいずれも中新田を本城としているところを見ると、この五男が九代義兼となった可能性が極めて高い。

なお、万城目喜一氏の調査によると、義兼の母は加美郡出身ではないかという。これは第二回大崎氏シンポジウム（一九九七年十月）における同氏の発表による。月崎の慈恩寺（宮城県加美町）の開山は女性で慈恩寺殿丹桂遠照大姉というが、この位牌と並んで「龍谷寺殿霊山岫公大居士」と記された位牌がある。龍谷寺殿は七代教兼の法号である。そのため義兼は、この女性と教兼との間に生まれた子ではないかと推定されている。

要するに「神主覚書」にいう教兼の五男「中新田」が九代義兼に相当するのではなかろうか。彼がおそらく同母の姉の嫁した伊達氏を背景にし、同氏と結んだ加美郡の国人たちに推されて大崎氏九代目となったのであろう。大崎氏の本城がのちに小野から中新田に移り、さらに加美郡の国人たちがその周囲を固めていることからも、そのことが察せられる。

義兼は一四八〇年代の後半、文明末年に家督相続したが、これは決して順調に行われたわけではなく、多くの紛擾があったらしい。長享二年（一四八八）正月下旬、義兼はたまりかねてついに姉のいる伊達氏の梁川城（福島県伊達市）に出奔し、伊達氏の援助を乞うた。よって義兄の伊達成宗は宿老の金沢氏に命じて三百余騎を率い義兼を大崎に送り届け、義兼を復帰させて家を継がせた（「伊達正統世次考」）。小野城の南方の馬放に「館内」とよばれる館の跡があり、おそらく小野城で身の危険を感じた義兼の御所でないかと推定されている。また、万城目喜一氏によれば、馬放の守屋氏は義兼護衛のため派遣された伊達家臣の子孫であるという。

永正《えいしょう》二年（一五〇五）八月、義兼は志田郡松山《しだぐんまつやま》へ出陣の際、加美郡一関村（宮城県色麻町）の磯良明神の御神刀を守護として添えられ、以後、大崎氏は代々同社を厚く保護するようになった（「加美郡一関村常楽院書出」）。志田郡松山は伊達氏麾下の遠藤氏の所領であり、境界の争いがあったのであろう。義兼の死亡年代については明らかでないが、長男の高兼が第十代を継いだが一年で早世し、次男の義直（初名義国《よしくに》）が永正十一年（一五一四）、すでに十一代当主（「留守家旧記」）になっているところを見ると、義兼は永正五年（一五〇八）頃、死亡したことになるだろう。法名は玉岩《ぎょくがん》、寿松院《じゅしょういん》と号する（「大崎氏諸系図」）。

大崎高兼

「伊達族譜」によれば、義兼には三人の男子があった。

義兼
- 高兼　彦三郎立、一年而早世
- 義直（初代義国）　為㆓兄高兼後㆒
- 直堅　木工権頭、為㆓高泉家後㆒

高兼《たかかね》は彦三郎とあり、大崎氏歴代当主の初名であるから、高兼が義兼の跡を継いで第十代になったことは確実である。だが、わずかに一年を経て早世したため、この人の事績についてはあまり伝わっていない。わずかに、「封内風土記」巻十八、金田庄成田村熊野神社の項に「文亀《ぶんき》三年（一五〇三）八月、宮野駿河直定　勧請、其後、大崎彦三郎高兼建㆓華表㆒、弘治三年四月加美郡高根城主仁木遠江献㆓鰐口㆒」とあり、高兼が栗原郡金田庄成田村の熊野神社に鳥居を寄進したことが知られるだけである。「鹿島神社神主覚書」にも「十代高兼、在世一年」とあるのみである。おそらく永正九年頃（一五一二）に死亡したのであろう。法名も院号も伝わらない。

第九章　十一代・大崎義直

義直の時代

十代高兼が襲封後わずか一年で死去したので、弟の義直《よしなお》（初名義国《よしくに》）が跡を継ぎ大崎氏第十一代の当主となった（「鹿島社神主覚書」）。当時、彼は玉造郡の名生城主だった（「系図纂要」）。十代高兼、十一代義直の頃から大崎氏は小野城を去ったようである。永正十一年（一五一四）に撰上された「留守家旧記」に「大崎八十一代」とあり、この頃すでに彼は十一代大崎氏当主になっていたことがわかる。

この時代はまさに下剋上の嵐が吹きすさんだ戦国乱世の最中で、彼もまた家臣の反乱に悩まされ続けた。一方、伊達氏は義直と同世代の稙宗《たねむね》の時代で、ますます強盛になり幕府に莫大な金品を贈っている。大永二年（一五二二）には「秀衡以来御国を被レ下候人、無二御座一候」（「伊達家文書」）とまで誇張された「陸奥国守護職」の地位を獲得した。同年十二月七日、稙宗宛寺町《てらまち》通隆《みちたか》（管領細川高国《たかくに》の家臣）書状によると、稙宗の陸奥国守護職補任の件につき将軍の許可があったことを伝え、来春中にも上洛して「御判」を受け取るよう通知した。しかし、この件を周旋した近江商人の坂東屋《ばんどうや》富松《とみまつ》氏久《うじひさ》の大永五年八月廿七日稙宗家臣牧野《まきの》安芸守《あきのかみ》宛書状によると、稙宗はこの年まで上洛せず、氏久から催促をうけている。しかしこの後、彼は地位を利用して奥羽諸氏の紛争解決に当たることになる（「伊達家文書」天文五年六月廿五日江刺左衛門督宛伊達稙宗書状。「伊達正統世次考」所収福田若狭宛伊達稙宗書状等)。さらに、植宗が天文五年（一五三六）に宿老たち十二人にはかって定めた『塵芥集《じんかいしゅう》』は、戦国大名の分国法として最も有名なものである。

これに対して義直は、今や奥州探題としての実権はほとんどなくなったといっても過言ではない。しかし、探題であることに相違なく、幕府からもまだ奥州探題として目されていた。「蜷川親俊日記」天文七年六月十五日条に、

奥州探題大崎殿より御状アリ、黄金二両、大窪雅楽允黄金一両、大崎殿□(ヘカ)者、富松竹十世、以二
太刀一御礼申候

とあり、幕府に対する挨拶も依然として続けられていた。なお、大窪《おおくぼ》雅楽允《うたのじょう》は大崎氏の重臣で、幕府との折衝の役に当たっていた。

また、「御内書古案」（『改定史籍集覧』）に、

太刀一腰到来候畢、悦喜候、仍太刀一振遣之也
日下御判（足利義晴ヵ）萬松院 殿
奥州探題
左京大夫殿
九州探題

右衛門佐殿

とある。

足利義晴《よしはる》は大永元年（一五二一）より天文十五年（一五四六）までの将軍である。大崎義直は天文十四年七月五日、従五位下《じゅごいのげ》、左京大夫に任ぜられた（「歴名土代」）。そのため、御礼として太刀一腰を贈ったのであろう。九州探題右衛門佐《えもんのすけ》と同等に扱われていることが注目される。

伊達小僧丸を家督とする

天文初年、義直の家督として伊達稙宗の次男小僧丸《こぞうまる》が大崎家に入った。十代高兼がわずか一年で死去したので、その娘と結婚させて十一代義直の家督にしたわけである。これについて、稙宗の年欠十月七日福田若狭広重《ふくだわかさひろしげ》・同右近《うこん》某宛の書状が要約されて「伊達正統世次考」に載せられている（史料36）。

要するに、伊達・大崎両家の「和融」と「川内一党頻懇望」によって小僧丸を派遣した。かの辺のことは、ただあなた方に任せるのみだ。しかし、風聞によると次郎（晴宗《はるむね》）が小僧丸の警固を古川《ふるかわ》に置こうとしているので、そのわけを聞いたらまったく知らないということである。この辺のことをどうかよく考えて、あなた方から然るべく主君の黒川景氏父子に意見を加えられたい、というのである。

宛名の福田若狭・右近父子は黒川郡の大爪城主で、黒川氏の家臣である。本姓は渋谷氏で、その一族は鎌倉時代から河内（川内）一帯にひろがり、大崎・黒川両氏の家臣になっているが、福田氏は渋谷氏の嫡流である（「伊達正統世次考」巻之八下稙宗公年欠十月七日文書按文）。稙宗が「川内一党頻懇望」によって小僧丸を遣わしたというのは、これが正しいとすれば、この「川内一党」とはおそらく大崎家臣の渋谷党を指すのであろう。のちに小僧丸の入嗣に対する反乱が、大崎氏の一族や重臣たちから起こったとき、渋谷党は終始、小僧丸に味方しているからである。

稙宗も次男の小僧丸を大崎に遣わすにあたって、親としてかなり心配な面もあったのであろう。河内渋谷党の嫡流である福田氏、さらにその主君の黒川景氏父子に小僧丸の将来を頼んだのが上記の稙宗書状である。なお、小僧丸が義直の家督になった年代については明らかでないが、大崎氏の侍所司別当の新田安芸守頼遠《よりとお》の反乱に続いて、大崎氏の一族、重臣たちが小僧丸の入嗣に反対して反乱を起こしたのは天文三年（一五三四）六月である（「古川状」）。小僧丸の家督入嗣は、それ以前の天文二年頃であろう。そのときの小僧丸の年齢は、天文二年五月、稙宗の長子の次郎が将軍義晴より偏諱を賜って晴宗を名乗ったのが年十六歳で、小僧丸は母が同じで晴宗の次に生まれているから、入嗣当時は十四歳くらいだったろう。

十一代　大崎義直印判

なお、稙宗には十四男七女があり、二男の時宗《ときむね》丸《まる》（実元《さねもと》）は上杉家の養子（実現せず）、六男四郎は桑折《こおり》家の養子、七男牛猿《うしざる》は葛西陸奥守《むつのかみ》晴重《はるしげ》の養子、十一男綱宗《つなむね》、十二男乙松丸《おとまつまる》（元宗《もとむね》）はいずれも亘理宗隆《わたりむねたか》の養子になっている。なお、長女は相馬讃岐顕胤《あきたね》、次女は芦名修理大夫盛氏《もりうじ》、四女は二階堂弾正《だんじょう》大河輝行《おおかわてるゆき》、五女は田村安芸守隆顕《たかあき》、六女は懸田中務《かけだなかつかさ》大輔俊宗《だゆうとしむね》、七女は相馬長門守義胤《よしたね》に嫁している。稙宗は陸奥国守護職として奥州諸氏に臨むとともに、以上のような家督入嗣、あるいは婚姻政策によっていよいよその勢威を増した。

大崎内乱の勃発

小僧丸の家督入嗣に対しては、大崎家の一族・重臣たちの多くがかなり反対したようである。この後、まもなく天文三年（一五三四）六月、義直・小僧丸に対する反乱が領内各地に起こった。

志田郡古川城の城主である古川氏には大崎七代教兼の六男某が入嗣しており、出羽入道、ついで古川持煕《もちひろ》と続いていた。長岡郡高泉には、大崎三代詮持の次男である出羽守持家が長岡郡高泉に住んで高泉氏を称し、大崎西殿とよばれた。のちに七代教兼の五男某が継ぎ、さらに九代義兼の三男直堅《なおかた》が高泉家を継いでいた。斯波大崎家譜代の重臣、代々大崎家の執事を勤めた氏家氏は高泉氏が執事になったときは管領といったという（「神主覚書」）。「伊達正統世次考」所収の「磐手沢氏家系図」に、太郎《たろう》左衛門《ざえもん》清継《きよつぐ》―三河直継《みかわなおつぐ》―弾正《だんじょう》隆継《たかつぐ》―三河直継とある。「古川状《ふるかわじょう》」にいう又十郎直継は三河直継に当たる。玉造郡新田城主で、奥州探題府侍所司別当には新田頼遠がいた。その彼らが反乱を起こしたのである。

この反乱は天文五年九月まで続き、古川城主古川持熙の自刃、高泉氏・氏家氏の降伏、新田頼遠の逃亡によって一応終結するが、この乱の経過については文禄《ぶんろく》五年（一五九六）に記された「古川状」に詳述されている。「古川状」とは、仙台市立博物館所蔵で奥書に「奥州大崎牡鹿大爪之内、就二洞禅院一、□□向二南窓一書畢。文禄五年朱明廿二日　雪横（異筆）（花押）」とある。以下、これによってその大略を記そう。

天文三年（一五三四）五月、奥州探題侍所司別当の新田安芸守頼遠がまず義直・小僧丸に叛し、在所の加美郡泉沢にたてこもった。よって義直は頼遠征伐のため、六月中旬に出陣し、頼遠に「與力同意」した加美郡中の新田・高木（城）・黒沢・新田の要害をはじめ、反対勢力の在所をすべて破却し、まさに頼遠の在所の泉沢本陣に向かって狼根塚に陣を張った。このとき大崎家執事の氏家氏をはじめ、一門の古川・高泉・一迫などの諸氏が数百騎を率いて馳せつけ、家督小僧丸の糾弾・排斥で「同心」して頼遠に味方し、さらに義直が期待していた二迫の上形氏や三迫の富沢氏まで裏切ったので、義直方は敗れ義直は三百余騎を失ったという。難局に陥った義直は、急きょ伊達郡西山《にしやま》城（福島県桑折町）の稙宗のもとに赴いて助けを求めたが、容れられなかった。留守中は、一門の百々弾正少弼《だんじょうのしょうひつ》直孝《なおたか》が堅固に警固したという。

さて、義直が帰国したあと、再び頼遠征伐に出陣することになった。翌天文四年、義直は宮沢要害《みやざわようがい》に出陣、頼遠の在所泉沢に向かったところ、氏家党三百余騎のほかに野臥《のぶし》、徒歩立《かちだて》（足軽）二千余人が押し寄せて数度の合戦があり、またも本意をとげられなかった。この頃、氏家党にも内訌があって本城の岩手沢城の争奪戦が行われていた。

一方、反小僧丸派の巨頭である一門の古川氏でも、家老の米谷《よねや》兵部少輔《ひょうぶのしょう》熙正《ひろまさ》が主君の持熈に対して「御家督（小僧丸）御一味可レ然由」をしきりに諫言したが容れられず、かえって出仕を停止され、天文五年正月下旬、持熈の攻撃をうけて米谷は沢田要害に退去した。二月に入って反小僧丸派の氏家安芸守（氏名不詳）は岩手沢城を夜襲して、これを乗っ取った。続いて高泉直堅も高泉要害にたてこもり、小僧丸派諸氏の在所に放火したため、五百余の在家は一夜にして灰燼に帰したという。

このような錯乱が連続したので、天文五年二月上旬、義直は急きょ西山城に上って、稙宗に合力を「悃望」した。義直の留守中、大崎領の混乱はますます激しくなり、四月十一日夜半、かねて蟄居中の米谷兵部少輔は、義直の派遣した守備兵がいたにもかかわらず古川勢に攻撃され、成敗された。続いて古川・岩手沢・一栗、そのほかから氏家党が率いて米谷越前守在所の李曽祢《すもそね》に押し寄せ、外曲輪に放火して引き退いた。その翌日、氏家党は手崎に向かって渋谷党のこもっていた飯川《いいがわ》要害を攻撃し、これを陥落させた。渋谷党は義直方であったことがわかる。次に、高泉氏も日々義直派を攻撃して義直の近習以下数人を討ち取った。

伊達稙宗が義直と共に出陣

情勢がこのように切迫してきたので、稙宗もついに出馬を決意し、五月上旬に義直と共に西山城を出発した。一門・諸家、その勢三千余騎、六月上旬に志田郡師山へ到着、七日、反乱軍の巨頭である古川氏の古川城の外曲輪・陣場等を検分、要害の攻め口や城内の士気、軍の配置等を見た。九日に張陣。義直は家臣二千騎が背いたので、御馬廻りはわずか五百余騎にすぎず、近臣には南館播磨守、大窪雅楽允、一家は宮野中務大輔《みやのなかつかさだゆう》、家子《いえのこ》は仁木《にっき》・里見《さとみ》、氏家党の中では一類に背いて義を重んじた人に、湯山甲斐守《ゆやまかいのかみ》、南（菜）切谷中務大輔、渋谷党では中目《なかめ》千増丸・師山駿河守《もろやまするがのかみ》・小袋兵《こぶくろひょう》庫輔《このすけ》・中目丹波守《たんばのかみ》・寺尾左近将監《てらおさこんのしょうげん》・飯川二郎四郎・郡伊賀《こおりいがの》守《かみ》・大衡又五郎《おおひらまたごろう》・牛袋早川《うしぶくろはやかわ》をはじめとして、南谷地淡路守《みやちあわじのかみ》、そのほか七人給衆、笠原一族、柳沢主殿允《やなぎさわとのものじょう》・谷地森《やちもり》兵部少輔・宮崎民部少輔・鳥島右近尉《とりしまうこんのじょう》、そして大掾氏らであった。

瑞川寺山門　古川城搦手門遺構の一部を伝えるという　宮城県大崎市

稙宗勢は、南側の大手門攻めに大将稙宗が張陣、圓本《まといのもと》は一千余騎、西と北の両木戸には宿老の牧野《まきの》安芸守・浜田伊豆《はまだいずの》守《かみ》、その圓本には黒川左衛門大夫景氏《くろかわさえもんのだいぶかげうじ》・内崎左馬頭家忠《うちざきさまのかみいえただ》・留守相模守景宗《さがみのかみかげむね》・懸田中務大輔俊宗《としむね》・武石兵庫頭宗隆《たけいしひょうごのかみむねたか》・長江播《ながえはり》磨守宗武《まのかみむねたけ》・国分弾正少弼宗綱《だんじょうのしょうひつむねつな》・遠藤左近将監某など二千余騎であった。当時の中奥、現在の宮城県の諸氏がほとんど動員されていた。まさに、稙宗の陸奥守護職としての威厳を示すものであった。

六月十九日には即刻、大将陣が攻撃開始の太鼓を打ち法螺貝を吹いたので、全軍一斉に発進、鬨《ときの》声《こえ》をあげた。城方も同じく闘声をあげ、戦闘が開始された。両軍の激闘は日没まで続き、翌二十日卯の刻、再び戦闘を開始、稙宗勢は本丸の堀際まで迫り、城方は死傷者がはなはだ多く、夜に入って逃亡者も多く出たため、一千余人の城兵は今は残るところわずかに七十余人になっていた。

翌二十一日早朝、伊達勢は総攻撃を開始、城方は防ぐことができず火を放った。城主の古川刑部大輔持熈は南の大手門に向かって皮畳を布き、左右に子息の又三郎直種《またさぶろうなおたね》と異母弟の安童丸《あんどうまる》を置き、十七歳の直種がまず切腹、ついで十三歳の安童丸が自害した。安童丸の母は去年四月下旬、古川出羽入道の死後、薙髪《ちはつ》して尼となっていた。今、目前に安童丸の自害を見て痛憤にたえず、自ら長刀を執って大軍の中に入って前後左右と奮撃し、二筋の矢にあたって自ら火焔の中に飛びこんで果てた。

持熈はこの有様を見て、静かに念仏を唱え、「思ひきや　夏のてる日は　いつもあれと　けふふる川の　せたへせぬとハ」と口ずさみ、切腹した。このとき群兵が乱入したので、彼はたちまち太刀を振るって近づいた二人を斬った。年三十九であった。弟の孫三郎・新田宮内少輔・豊島《としま》兄弟、仏坂《ほとけざか》孫右衛門《まごえもん》・五ノ井伊豆守入道《ごのいいずのかみにゅうどう》父子三人、切腹した人数は以上の十五人。戦死者は、持熈の舎弟の四郎三郎・仏坂左馬允・西館治部少輔・五井与惣右衛門《よそうえもん》・同猿太郎丸《さるたろうまる》・都築信濃守《つづきしなののかみ》・大伴常陸守《おおともひたちのかみ》・同朋《どうぼう》湖阿弥陀仏《こあみだぶつ》らの合計五十六人であった。天文五年水無月（六）二十一日午の刻のことである。このほか、城の内外、堀などの死骸は三百八十余人であった。

さて、古川城が陥落したので次は高泉城になるが、高泉方はその二日後の二十三日申の刻に自ら城に火を放って佐沼要害に退いた。高泉城は、三代の斯波詮持が近郡他郡の人数で築いた在所で、仏閣僧坊が東西南北に構え市店や民屋が一千余宇があったが、一朝にして焼野原となった。

このあとまもなく六月二十五日、稙宗は江刺郡の江刺左衛門督の出陣要請に応えて、次のような返書を送っている。

（前略）抑去十九、古河要害外構攻破、厥□□致二夜龍一、従二翌日一廿一日迄、相攻落居之上、古川（持煕）方父子、舎弟二人始□、宗与《むねと》之衆四十余人切腹、以下打捨五百余人、得二大利一候故、高清水（泉）自落之間、向二岩手沢一、可レ及レ陣候、彼城中申合子細共候間、落着不レ可レ有レ程候、然者則其口へ進レ陣、万々可二申合一候（下略）

（「伊達家文書」）

「古川状」の記事とだいたい一致するが、切腹者、戦死者の人数が多少異なる。右の稙宗書状では高清水が「自落」したので、これから岩手沢城に向かうが、城中の者と内通しているから、まもなく「落着」するだろうと、極めて楽観的に述べているが、実はこれがのちにたいへんなことになる。

岩出山（岩手沢）城遠望　宮城県大崎市

岩出山城本丸切岸と街並み　宮城県大崎市

岩手沢城攻防戦で乱が終息する

この後、酷暑のため稙宗はしばらく古川に留まって人馬を休憩させ、初秋の候に反義直・小僧丸派のもう一つの牙城である氏家氏の岩手沢城を攻撃することになった。秋七月十三日、稙宗は義直と共に古川を発して岩手沢に向かった。行程十五里、玉造郡の円山に陣した。下《しも》は青塚から上《かみ》は富田、一栗に至るまで、二十余郷ことごとく火をはなったため、郡中の衆はみな岩手沢城に逃げ入り、その兵すでに三千余に及んだ。

十六日以降、稙宗・義直は毎日これを攻撃したが、城は天峻の要害で堅固なため、容易に抜けなかった。戦は長期戦となり城方もようやく疲れて、九月十一日に至り和睦が成立、大崎内乱の首謀者だった新田頼遠は山を越えて出羽に逃げ、城に集まった者はすべて出て稙宗・義直が入城した。城主氏家又十郎直継は従来通り城主となった。こうして岩手沢城攻防戦は終わり、十月十三日、義直は岩手沢から在所の名生城に帰った。やがて稙宗も西山に帰還した。大崎内乱はこうしていったんは終結した。

この大崎内乱は、伊達稙宗が勢力拡大の一環として行った次男小僧丸の大崎家督入嗣に対し、大崎一門の古川・高泉の諸氏、さらに譜代重臣の執事の氏家氏、侍所司別当の新田氏等が反抗したものであった。一方、河内の旧勢力である渋谷党の諸氏は、衰退をたどっている大崎氏の領内で強力な伊達氏の後援を頼み、義直自身も古くから大崎氏の盟友である伊達氏と縁を結ぶことが得策であると考え、小僧丸の家督入嗣となったものだろう。この内乱鎮定により陸奥国守護職としての稙宗の権威はますます高まり、この後、稙宗は多くの子女を奥州の名門諸氏に配したことから、伊達氏勢力は一層拡大発展した。

なお「伊達正統世次考」は、内乱の原因についてなぜか特に記さず、また、小僧丸の家督入嗣を内乱鎮定後にしているが、これは誤りで、この内乱が小僧丸の家督入嗣に対する大崎氏の一族・重臣たちの反乱であることは、「古川状」の記事によって明らかである。

再び大崎氏の内乱が起こる

大崎内乱はいったん終熄したものの、余燼《よじん》はなお各地にくすぶっていた。翌天文六年（一五三七）五月二十八日、石川郡の領主である石川駿河守稙光《するがのかみたねみつ》は、稙宗の帰陣を祝する書を贈ったのに対して、小原掃部丞宗綱《おばらかもんのじょうむねつな》（刈田郷小原領主）は稙宗の意を奉じて返書を出したが、その中で次のように述べている。「大崎諸郡は今はことごとく稙宗に従っているが、ただ二迫（上形氏）が三迫の富沢金吾に圧迫されて困っている。そこで稙宗は再び出兵して富沢を討とうとしたが、最近、富沢方からしきりに和を請うてきたから、いずれまもなく落着するだろう」（「伊達正統世次考」巻八稙宗公）。この結果はわからないが、このような地域紛争は絶えず内乱終熄後もあったものと思われる。

この頃、前年九月にいったん降伏した岩手沢城主の氏家三河守直継が、再び小僧丸に叛乱を起こした。稙宗は大いに怒って再び大崎出陣を決意し、大崎近隣の諸氏に軍勢催促状を発した。次の文書は、志田郡松山《まつやま》の領主である遠藤国松《えんどうくにまつ》らに宛てた稙宗の朱印状である。

大崎再乱之儀、絶㆓言語㆒候、仍而今月廿七日可㆓出馬㆒候、人数悉召連、来月五日岩出山へ着陣、六日に向㆓新城㆒、可㆓成行㆒候、事延候てハ、凶徒可㆓蜂起㆒候間、火急ニて候間及㆓一行㆒候、其心得専一候、親類中へ如㆑此之儀、各可㆓申届㆒候、返々不㆑可㆑有㆓油断㆒候、謹言

七月廿一日　稙宗（朱印）

遠藤国松殿

広田伊賀殿

（「遠藤広氏蔵文書」）

遠藤国松とは左近丞《さこんのじょう》高宗《たかむね》で、のちに心休斎《しんきゅうさい》と号し、出羽守《でわのかみ》高康《たかやす》の父である。広田伊賀《ひろたいが》はその一族で松山郷の広田の住人である（「遠藤家伝」東京都・遠藤広氏蔵）。

この文書によれば、大崎再乱に際して稙宗は七月二十七日に出馬し、八月五日に岩出山へ着陣、六日に新城を攻撃する予定であった。しかし、稙宗は当時かなりの老齢だったので、実際には出陣せず、代わりに嫡子の晴宗《はるむね》が出陣した。八月十二日、晴宗が葛西氏の重臣都澤美作《みやこざわみまさか》・櫻《さくら》目《め》弥《や》三郎《さぶろう》・門田《かどた》式《しき》部《ぶ》・馬場《ばば》兵庫《ひょうご》等につかわした書状（「伊達正統世次考」所収）によると、「大崎再乱によって去る九日この地に発向した。十八日、黒川に陣を進めた。二十日には必ず岩手山に到着するだろう。今回の出陣は小僧丸殿のためにも、また自分晴宗にとっても一大事である。然るにあなた方はただ傍観しているのみで、はなはだけしからんではないか。よくよく考えて、牛猿殿（葛西左京大夫晴胤の幼名で、稙宗の三男、葛西陸奥守晴重の養子）自身合力するよう意見してもらいたい。とくに今回は老父（稙宗）が出陣しないので、あなた方は一刻も早く来陣していただきたい（要約）」とある。

この晴宗書状で葛西氏が参陣したかどうかは明らかでないが、九月二十八日、稙宗が尾張の斯波義《よし》達《たつ》の家老織田《おだ》大和守《やまとのかみ》に宛てた書状（「伊達家文書」）によると、「奥郡錯乱」（大崎再乱）は稙宗（実は晴宗）の出馬によってことごとく平定され、このたび帰陣したから安心されたいと述べている。おそらく、岩手山城主の氏家直継は和を請うて降参したのであろう。小僧丸に対する氏家等の大崎家臣の反感はかなり根強かったが、結局は伊達氏の武力によって鎮圧されたのである。その後、十二月十八日、晴宗は黒川景氏宛書状で「大崎家中のことは、その後、どのようになったであろうか。鎮撫はあなたに一任するばかりである」（「世次考」所収文書要約）と述べ、景氏に大崎家中の問題の処理・解決を期待している。

さて、大崎領内もようやく落ち着いてきたようなので、翌天文七年六月十五日、義直は幕府に音信して御無沙汰を謝して黄金二両を献上、重臣の大窪雅楽允も黄金一両を献上した（「蜷川親俊日記《にながわちかとしにっき》」〈『続史料大成』所収〉天文七年六月十六日条）。「蜷川親俊日記」には「奥州探題大崎殿より御状アリ」とあり、義直は当時、やはり幕府より「奥州探題」として目されていたことがわかる。

しかし一方、翌天文八年閏六月二十二日、大窪雅楽允宛伊勢《いせ》貞孝《さだたか》の返書によると、「御家中之儀、未㆓相調㆒之由候歟、目出被㆑属㆓御本意㆒之段、追而可㆑承候」とあり、また、同日の別の返書によると、「御一家鉾楯未㆑休之由候、御苦労之段、奉㆑察候、急度被㆓相調之㆒、上意へ御礼御申可㆓目度㆒候（中略）委細者、常眞聖人可㆑有㆓演説㆒候」とあり、天文八年に至っても、なお大崎領内に紛擾が絶えなかったことがわかる。こうして伊達氏の天文の乱に大崎氏もまきこまれ、紛乱は一層はげしくなった。

伊達稙宗・晴宗父子の天文の乱勃発

大崎再乱がどうやら終結した後、天文十一年（一五四二）六月、伊達氏に稙宗・晴宗父子の争いが起こり、これが奥羽諸氏をまきこんで大動乱になり、同十七年九月六日、父子の和睦によって終結するまで六年余り続いた。世にいう「天文の乱」である。この乱に際して、大崎氏はどう対処したのだろうか。

まず、この乱の勃発について述べよう。稙宗が多くの子女を奥羽の諸家に入れたことは前述したが、三男の時宗丸《ときむねまる》（実元《さねもと》）は越後国守護《えちごのくにしゅご》上杉定実《うえすぎさだざね》（稙宗の外祖父）の家督となる約束で、すでに諱字《いみな》も受けていた。ところが、当時、上杉家中の間に大崎氏の場合とまったく同様、これに反対する家中があって、天文九年以来、やはり領内紛争が続いた。同十一年に至り、紛争もようやくおさまってきたので、この年六月、稙宗は時宗丸と共に越後に向かうことになった（天文十一年六月十四日伊達稙宗書状〈『福島県史』所収「伊達文書」〉）。宮城郡《みやぎぐん》の留守相模守景宗《るすさがみのかみかげむね》がこれに同行することになった。これに対して早速、義直は景宗に書状を送り、その労をねぎらった（史料37）。義直と留守景宗は当時、かなり親密な関係だったことがこの文書によってわかる。

さて、稙宗・時宗丸一行が越後へ出発する直前の二十日、嫡子晴宗が突如挙兵して西山城に父稙宗を幽閉した。天文の乱のはじまりである。この原因について、「世次考」は次のように述べている。

時宗丸の越後行に際して、稙宗は越後は大国ゆえ、累代の家臣の中から精兵百騎を選んで時宗丸に付けることになっていた。これに対して、一族の桑折景長《こおりかげなが》と宿老の中野宗時《なかのむねとき》はひそかに晴宗に言った。もし、こんなことになれば、伊達家の「善臣能士」はみな他国のものになってしまう。君の名は伊達殿といっても、実は蝉のぬけがら同然である。武力に訴えても、時宗丸の越後行を阻止しなければならないと。晴宗はこの言葉を信じ、稙宗の鷹狩りの帰路を待ち伏せして西山城に幽閉したというのである。急を知った稙宗側近の小梁川宗朝《こやながわむねとも》は、ただちにこれを稙宗の娘婿である相馬顕胤《そうまあきたね》・田村隆顕《たむらたかあき》・

二階堂照行《にかいどうてるゆき》・芦名盛氏《あしなもりうじ》に告げた。彼らはただちに出陣して西山城を攻め、宗朝は単身城内に潜入して稙宗を救出した。

この後、動乱は拡大し、伊達家中はもちろん、奥羽の諸氏はそれぞれ稙宗・晴宗の両党に分かれて相争い、天文十七年九月の父子和睦まで約七年間続いた。

大崎義宣の奮戦と父稙宗の杞憂

この動乱に際して、大崎の義直・小僧丸（義宣）はいかに対処したのか。次に、これについて述べよう。史料はおおむね「伊達正統世次考」所収文書に拠ったが、ただ、原文のままではなく内容を要約したものであり誤りがないとはいえない。

まず、小僧丸は早くから稙宗党に属して宮城郡国分に進出していた。天文十二年（一五四三）五月二日、晴宗は東磐井郡大原《ひがしいわいぐんおおはら》の大原飛騨守《ひだのかみ》に書状を送り、「小僧丸が晴宗に対して逆意を抱いて国分に進出したことは案外至極だ。さきに約束した通り、あなたはこの際、柏山伊勢守《かしわやまいせのかみ》（胆沢郡永沢領主）、富沢金吾《とみざわきんご》（栗原郡三迫領主）と相謀り、後攻めとして袋（栗原郡二迫）に進撃するよう」に命じた。ここから大原・富沢・柏山氏らが晴宗党だったことがわかる。これに対して稙宗は六月十一日、宍戸下野に迫《はさま》地方の経略を命じている。この地方でも両党の戦いがあったのであろう。

なお、小僧丸の国分進出の事情については明らかでないが、当時、宮城郡国分松森《まつもり》城主は国分宗綱《むねつな》で、稙宗党に属し晴宗党の宮城郡高森城主留守景宗と戦っていた。両者は古くからの宿敵だったのである。天文十一年十一月十一日、刈田郡の晴宗党の白石実綱《しろいしさねつな》は景宗に書状を送り、「然而国分へ御動、松森被二押詰一候由、承候、肝要候、急無二申訖一候、於二此上一、御堅固之御陣純一候、我々事者、桑折方令二相談一、晴宗奉公仕候、可レ為二御心安一候」（「留守文書」）と、大いに景宗をはげましている。

これに対して、小僧丸の国分進出は国分氏応援のためだったのであろう。

天文十二年六月十六日、小僧丸は名取郡高館の福田玄蕃允《ふくだげんばのじょう》・村岡蔵助《むらおかくらのすけ》に対して次のように起請文を与えた。

意趣者

このたびたねむね（稙宗）奉公として、まかり出へき事尤候、しかるあひた、しんたひ（進退）のこと、たうさ（当座）らつきよ（落居）、すこしもゆかしくそんせられましく候、ちゝ（遅々）申され候、心もとなく候、さりなからそれかしの義として、其方むら（村）岡蔵助、菅生ひこ（彦）三郎同心いたし、ほうこう（奉公）申候ハヽ、以前の御あつしよ（斡旋）のことく、稙宗へよき（余儀）なく、さいそく（催促）申へく候、もしいつハりに候ハヽ、日本国中大小神祇、殊者熊野三所権現、両国之鎮守、羽黒大権現、当国之鎮守、塩竈十四ヶ所、大明神、天神、八幡、摩利支尊天、可遂（蒙）御罰者也、仍為後日之状如件

天文十二年

六月十六日　義（花押）

（「伊達家文書」『大日本古文書』）

福田玄蕃允殿
村岡　蔵助殿

「このたびの稙宗奉公はもっともなことである。所領はもちろん疑いない。稙宗からの証文は遅れているが、その方が村岡蔵助・菅生《すがお》彦三郎《ひこざぶろう》と同心して奉公するならば、前証文のように稙宗に催促することは天地神冥に誓って間違いない」というのである。

指出人は「義（花押）」であるが、「世次考」の按文では小僧丸が当時まだ正式に元服していなかったため義の一字のみを記したのか、それとも将軍家からの一字を賜るのを待っていたのか、とする。しかし、年齢からみれば、当時、彼は二十歳をこえているから元服していたはずで、義宣と名乗っていたのかもしれないが、義の一字のみを記した理由についてはよくわからない。なお、「世次考」では、一貫して義宣を「小僧丸殿」あるいは「小僧殿」と記しているが、彼はすでに元服しているはずで、義宣と呼称するのが正しい。義宣は、このような起請文を宮城・名取・柴田等諸郡の中小国人層に数多く発給して、稙宗党への参加を呼びかけたのであろう。

七月十二日、稙宗は名取郡の秋保《あきう》伊勢守則盛《のりむね》に対して、「義宣がその方面に出馬したので、これに協力していただきたい。なお、刈田・柴田方面の経略はあなたにあるが、義宣と万事相談せよ」と命じている。さらに、翌十三日の越後の色部《いろべ》・矢羽《やば》・赤沢《あかざわ》氏等に宛てた稙宗書状（「色部文書」）によると、

「大崎方・葛西方・粉骨之働」によって、名取・柴田の内が「帰覆（服）」したことを述べている。ここに「大崎方」とあるのは、義宣を指していることはいうまでもない。「葛西方」とは、稙宗党の葛西晴胤《はるたね》を指している。

さらにこの日、稙宗は名取郡の柿沼《かきぬま》外記《げき》広永《ひろなが》に対して、「このたび義宣が名取郡に出馬したので、計略をそなたに任せる。よって増田郷内において在家五軒を与える。費用がかさなった際は、さらに一所を与える」という証状を出している。

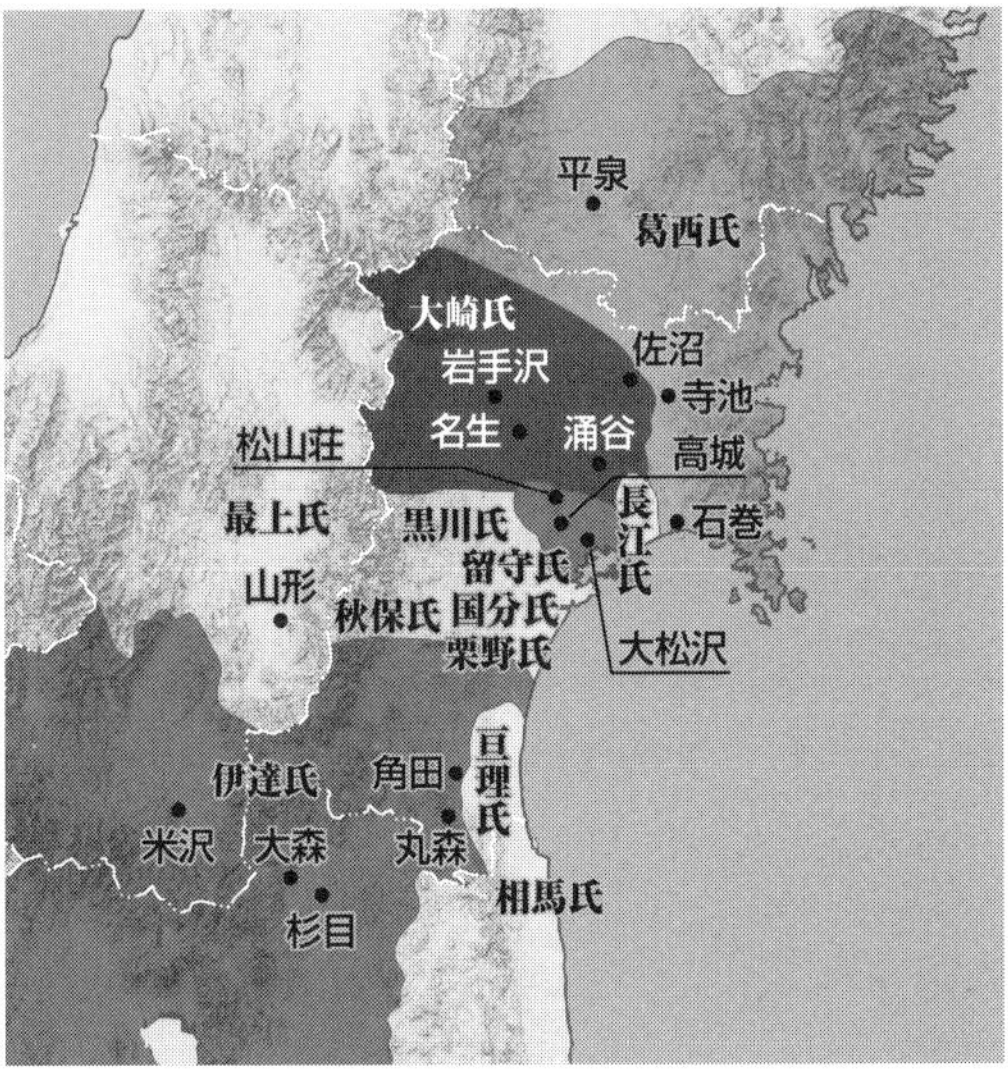

16世紀半ば頃の宮城県地域の勢力範囲図　『仙台市史』掲載図をもとに作成

ついで八月十日、稙宗は名取郡富沢の山岸《やまぎし》肥前《ひぜん》宗成《むねなり》・同修理亮《しゅりのすけ》勝定《かつさだ》父子に対して、「急啓、各戦陣之労不㆑知㆓際限㆒、実以為㆓大義㆒也」といい、義宣が「無計画の挙動に出ないよう警策を加えていただきたい」と述べている。九月十二日、稙宗は柴田郡の長谷倉（支）新右兵衛に対して、「このたび義宣が長谷倉（支）に出馬し、お前の費用が多重なそうだが、幸い最上の氏家が山を越えて応援に来るから氏家と緊急兵議せよ、その辺のことはお前に一任するのみだ」と述べている。

以上、主として稙宗書状によって義宣の動きを述べたが、彼ははじめ宮城郡国分に来て活動を開始し、ついで名取・柴田方面で稙宗方の大将として活動した。しかし、父稙宗はかなり心配したようで、この方面の諸氏に対してよろしく協力するよう多くの書状を発給したのである。

義宣の以上のような活動に対して、義直の動きはあまり活発ではない。義直と親しかった宮城郡の留守景宗が早くから晴宗党として活動したが、景宗の宿敵の国分宗綱（稙宗党）のもとに義宣が来て稙宗党として活動したことは、義直としてはまことに困ったことであった。やがて、義宣を大崎家から追放し晴宗党として活動するようになった。

天文の乱が後半に入り、晴宗党が各地の戦いでしだいに優勢になってくると、義直もようやく動きだした。天文十五年、晴宗に対して使者を送って味方することを告げた（「伊達家文書」推定天文十五年七月十一日本宮宗頼宛晴宗書状）。翌十六年七月、諸臣を率いて遠田郡不動堂に出陣した。これは天文十七年正月十八日、留守景宗が磐井郡千厩の千厩小太郎に送った条書（「世次考」所収）の中に記されているが、この「条書」は当時の情勢を適確にくわしく記している（史料38）。

また、義直の不動堂出陣については、推定天文十六年七月二十九日、晴宗の平大和《たいらやまと》、中津川《なかつがわ》孫五《なおご》郎《ろう》、同助兵エ《すけべえ》宛書状の中で、「（前略）追日属二本意一、至二奥郡一者、義直、攻二不動堂一、其地諸方如レ意可二以安心一也」とある。義直の不動堂出陣について「世次考」の按文では「小僧丸（義宣）か、その臣がいたからではないか」としているが、おそらく、主たる敵は稙宗党の葛西晴胤（義宣弟）であり、義宣がそこにいたからであろう。

天文十七年五月、将軍義輝《よしてる》は晴宗に対して父稙宗と和睦すべき旨の御内書を発給し（「伊達家文書」）、この後、諸氏の和睦が相ついで成立し、九月六日、稙宗・晴宗父子の和睦によって天文の乱は終結した。晴宗は伊達十五代の当主となり、稙宗は伊具郡丸森に隠居した。時に稙宗六十歳、晴宗三十歳であった。

留守領の内戦と大崎義直

天文の乱終結後も大崎氏と葛西氏との関係はよくなく、しばしば両者の間に紛争があった。推定天文二十二年（一五五三）の七月九日、葛西晴胤の江刺彦三郎宛書状に「年来以遺恨、六月九日向西野要害及臥外城追落、悉進軍放火候、夏中当口御在留候而御苦労候上、申事雖忝存候、此際出馬候而御懇仕入斗候、大崎当方古敵之儀、遠近無其隠候と御勘弁之外無他意候（下略）」とあり、大崎と葛西は宿命的なライバルだったことを記している（『岩手県中世文書』）。戦国時代を通して、両者は各地で小戦をくり返したのである。

乱後の義直の活動の一端を示すものに、黒川景氏《くろかわかげうじ》・稙国《たねくに》父子宛の書状がある（史料39、黒川景氏・稙国については「留守文書」黒川景氏下総守《しもうさのかみ》補任口宣案《ぶにんくぜんあん》、天文十五年三月十七日稙国修理大夫《しゅりのだいぶ》補任口宣案にもみえる)。この書状によれば、当時、留守領では一大内戦があった。天文二十三年（一五五四）五月、義直と親しかった留守景宗が死去して嫡子の顕宗《あきむね》が留守十七代を継いだが、父ほどの才幹がなく、それに乗じて最有力の一族である村岡《むらおか》氏が留守家の乗っ取りを策し、伊達晴宗に忠節を誓った。これに「伊達正統世次考」所収の弘治二年（一五五六）十二月九日、村岡右兵衛《うひょうえ》宛晴宗証状に「今度弓箭與二宮城一絶交、侵二之境一、忠節難二以尽レ筆一」とある。

留守領の内戦に対し、黒川郡の黒川景氏・稙国父子は何とかして両者の間を調停しようとして奔走していた。大崎義直はその労を謝するとともに、この件についての合力を約束し、なお「葛西方へ頼んでも無駄であろう。あなた方とは年来懇《ねんご》ろにしているから、自分は大いに応援する。委細は中目兵庫助が説明する」というのである。なお、留守氏と村岡氏の対立抗争は、黒川氏や義直のこうした調停の努力にもかかわらず、この後も長く続き、永禄十二年（一五六九）暮に留守政景《まさかげ》によって村岡氏が滅ぼされるまで続いた。これについては、拙著「中世の留守氏」（『水沢市史』第二巻）に詳しい。

一方、伊達氏は天文の乱後、晴宗が伊達氏十二代の当主としていよいよ強盛になり、天文二十二年正月、家中一同に対して改めて知行判物を与えた。乱中に乱発された稙宗・晴宗両方の所領宛行あるいは安堵状を回収して、改めて晴宗から与えたものである。現在、その控えが仙台市立博物館に「采《さい》地下賜録《ちかしろく》」（全三巻のうち二巻）として保存されている。これによって当時の伊達氏の勢力範囲や家中組織・権力構造などがよくわかり、伊達氏の強盛ぶりを察することができる。

奥州探題職は大崎氏から伊達氏へ

こうして晴宗は弘治《こうじ》元年（一五五五）春、将軍足利義輝によって従来、大崎氏の官途名であった左京大夫《さきょうのだいぶ》に任ぜられ、さらにその数年後、ついに大崎氏が世襲した奥州探題職にも任ぜられた（伊達晴宗宛足利義輝御内書〈仙台市博物館蔵〉）。同時に、宿老の桑折貞長《さだなが》と牧野忠久《まきのただひさ》は奥州守護代に任ぜられた（『福島県史』古代中世史料「伊達文書」足利義輝御内書）。

当時、奥州探題職は奥州守護職と同様に考えられていたようである。大崎氏の奥州探題職はかなり以前から有名無実となっており、伊達氏が陸奥守護職として事実上、奥州探題の職権を行使してきたが、ここに至って大崎氏の奥州探題職は名実共に、完全に伊達氏にとって代わられたのである。

義直晩年の永禄六年（一五六三）の「光源院殿《こうげんいんでん》（将軍足利義輝）御代当参衆《おんだいとうさんしゅう》并足軽以下衆覚《ならびにあしがるいかしゅうおぼえ》」（『群書類従』）に「外様衆、大名在国衆」として、奥州では伊達晴宗と芦名盛重の二人のみが挙げられている。さらに一段格下の「関東衆」の中に、大崎家執事の氏家修理亮が葛西・南部・九戸《くのへ》・最上・相馬・岩城の諸氏と並んで記され、義直の名はまったく記されていない。当時、義直は老齢のため「当参衆」には入れられず、代わって執事の氏家氏が記されたのであろう。これをもってみると、当時、氏家氏の地位は幕府からもかなり重く見られていたことがわかる。

義直について、最後に京文化の摂取についてみよう。戦国乱世にあっても、伊達氏をはじめ奥羽の諸氏は京都の幕府との関係は極めて密接なものがあった。かれらは金・馬・鷹等を献上し、将軍の偏諱や官途を得て自分の地位を高めるとともに、京都の文化をしきりに吸収していたのである。当時、室町幕府政所執事だった蜷川氏の日記や文書にその例が数多く見られる。

　大崎義直の場合についてみると、彼は天文十二年（一五四三）頃、執事の氏家河内守直康《かわちのかみなおやす》と共に京都に上り、社寺詣をした後、幕府の会合に出席している。「様々御芳情」を頂いたことを感謝し、御礼に河豚《ふぐ》を進上し、さらに白鷹・大鷹を進上しようとした（「蜷川文書」三、年未詳六月二日蜷川新左衛門尉宛氏家河内守直康書状）。また、義直は近習に乱舞を習得させるために上洛させたことを執事の氏家三河守高継が蜷川親俊に知らせている（「蜷川文書」三、年未詳六月七日蜷川新左衛門尉宛氏家河内守高継書状）。

　なお、氏家高継は将軍義輝に「御礼」（官途補任の御礼か）として太刀一腰（吉次）・馬一疋を進上し、義輝から黄金弐両を贈られた（「氏家文書」〈天文廿三カ〉七月廿二日氏家三河守高継宛伊勢貞孝書状）。帰国に当たっては虎頼（政所役人カ）から謡曲《ようきょく》の本を贈られた（「氏家文書」〈天文廿二カ〉九月二十五日氏家三河守宛虎頼書状）。「仙台武鑑」所収の「大崎家系図」、『大日本地名辞書』所収の「大崎家譜」「大崎・最上・黒川及支流家譜」（伊東きよめ氏蔵）等によれば、義直らが上洛したとき、公方（将軍義晴）があいにく越前に発向中だったので面謁がなく、翌年、大崎惣先達山伏の狐沢上野が、下向のついでに公方より御内書ならびに鎧を拝領したという。

義直も大崎氏歴代と同様に社寺興隆に尽力した。大崎市古川米倉の鹿島神社は天文四年、義直の勧請によるものだという（『古川市史』）。加美郡中新田の八幡社（中新田城跡）は、義直が長岡郡小野城より中新田城へ移ったときに大崎八幡社を勧進したものだという（『中新田町史』所収「中新田風土記」）。「封内風土記」によれば、大崎市田尻小松にある秀島山《しゅうとうざん》小松寺《こまつじ》は大崎氏の祈願所で、その東方一町に大崎八幡社の跡があるという。

義直の最期と義宣

義直の死亡年月日については明らかでない。永禄十年（一五六七）に嫡子の義隆が大崎十二代当主

中新田城跡と八幡社　宮城県加美町

中新田城内堀跡　平成初期頃に撮影されたもの　宮城県加美町

となっていることから、その前後であろう。治世は約三十数年の長きにわたる。法名は「伊達族譜」によると「天伊晴公」だが、「加美郡宮崎村洞雲寺《とううんじ》書出」（「風土記御用書出」補遺）によると、「当寺ハ大崎左京大夫義直公法名蟠松院殿龍山洞雲大居士中興牌寺御座候」とあり、蟠松院殿《ばんしょういんでん》龍山《りゅうざん》洞雲大居士《とううんだいこじ》だという。

最後に、天文の乱前半期に宮城国分・名取・柴田方面で稙宗派の大将として華々しく活動した義宣は、後半期の行動がほとんどわからない。義直の家督としていったんは大崎家に入ったものの、晴宗党の義直から排斥され、晴宗党が優勢になっていく過程で足がかりのない彼は、しだいに没落の運命をたどったのであろう。失意の彼は、実弟（稙宗の第三子）葛西晴胤（稙宗党）をたよって葛西に赴く途中、桃生郡辻堂で暗殺されたという（「世次考」）。「伊達族譜」では「其臣密ニ承二義直意一云」と記している。死亡年月日については明らかでない。なお、同譜では義宣を大崎十二代として挙げるが、これは伊達家側の一方的見解で、義直が隠居して義宣が十二代当主になったことはなく、誤りであることはいうまでもない。

大崎義宣花押

第十章　十二代・大崎義隆

義隆の人物像を語る文書

永禄十年（一五六七）頃、義直が死亡あるいは隠居して嫡子義隆《よしたか》が大崎氏第十二代の当主となった。だが、すでに彼は奥州探題ではない。彼の官途については「伊達家治家記録」や「大崎盛衰記」等ではすべて「左衛門督《さえもんのかみ》」とするが、彼は「左衛門督」に任ぜられたこともなく称したこともない。『岩手県中世文書』所収の「宝翰類聚《ほうかんるいじゅ》」には天正《てんしょう》十八年（一五九〇）十二月七日、秀吉が「大崎左衛門《さえもんの》佐《すけ》」に本知行分を検地の上、三分の一を宛行《あてが》うとか、京よりの「大崎左衛門佐」の下向につき伝馬《てんま》二十疋《ひき》を日本海筋の各大名に命じた文書（写）が載せられている。

また、「浅野家文書」文禄《ぶんろく》二年（一五九三）三月十日秀吉朱印状の「晋川城取巻衆」の中に、「会津少将（蒲生氏郷《がもううじさと》）一手、大崎左衛門尉」とある。義隆が当時、「左衛門佐」とか「左衛門尉」とよばれたことがあったのかもしれないが、「左衛門督」でないことは確かである。

〔例一〕

彼は襲封のはじめ、家臣に対して次のような所領宛行状を発給している。

加美郡之内谷ち（地）森之地之事、所下同二様其方之前一當（宛）行上也、其旨ヲ可二存知一者也、仍執達如レ件

永禄十年

三月十六日　義隆（花押）

柳澤文二郎殿

（仙台市、「谷地森馨氏所蔵文書」）

柳澤文二郎はのちに谷地森主膳といい、義隆の重臣として活躍した。加美郡谷地森の領主である。

〔例二〕

玉作（造）之郡一栗城之事、所二当（宛）行一也、可レ存二知其旨一者也、仍執達如レ件、

永禄十年

拾月　日　義隆（花押）

氏家千増丸殿

（一関市・「須田弘氏所蔵文書」）

宛所の氏家千増丸《せんぞうまる》は、玉造郡岩手山（出）氏家氏の一族であろう。

さて、この義隆所領宛行状には大きな特徴がある。書止《かきとめ》の文言に必ず「仍執達如レ件」とあることである。これは奉書《ほうしょ》様式で、上意を奉じて出すものである。この場合、上意とは誰の意志だろうか。いうまでもなく、足利将軍家の意志である。すなわち義隆は将軍の代官で、以前の奥州探題であると

いう意識がそこにはたらいているのである。新しい戦国大名として領国の国人たちに所領を給与し、かれらと主従関係を結び、家臣化しようとする意思はまったくない。そこに義隆政権の前時代的な古さがある。義隆を戦国大名ないし新しい封建大名としてみることができないゆえんである。義隆が新時代に対応できず、滅亡した根本原因もここにあったと考えられる。

なお、義隆の所領宛行は大崎領に隣接する出羽国最上郡鮭川村川口の国人領主庭月《にわづき》氏にまで及んでいたことが、左の文書によって知られる。

河口名跡之事、以㆓先例㆒就㆓于懇望仕候㆒、則宛行候、可㆑存㆓知其旨㆒者也、仍執達如㆑件、

天正五年

閏月　日　義隆（花押）

庭月式部少輔との

（「楓軒文書纂」）

出羽方面には以前から大崎氏の勢力が及んでいたようで、宝徳二年（一四五〇）、醍醐寺《だいごじ》領の出羽国赤宇曽郷《あこうずごう》（秋田県由利本荘市）の年貢沙汰問題でも、羽州探題側のほうで解決がつかなかったならば、「大宝寺にても、大崎殿様にても可㆑被㆓仰談㆒候歟」と大崎氏に期待がかけられている（「醍醐寺文書」〈宝徳弐〉四月十一日僧有良書状）。

十二代　大崎義隆花押

義隆政権の支配機構・家臣団

義隆政権の支配機構について具体的にはよくわからないが、従来の機構をおおよそ踏襲したと考えられる。政権の執行機関となる執事は、「四日市場鹿島社神主覚書」によれば初代家兼以来、氏家氏を任じていたが、五代満詮の代に舎弟左兵衛佐持直（名生城主）が氏家氏に代わり、持直の跡が絶えたあと一家の高泉氏に代わったという。そして氏家氏の場合は「執事」と称したが、一家の場合は管領と称したという。おそらく幕制にならったものであろう。

次に、家臣たちの統制機関及び御所の警備として侍所が置かれ、その長官は幕制と同様に所司とよばれた。天文三年（一五三四）の大崎内乱は、この侍所所司の新田頼遠の反乱からはじまったものであった。さらに「大崎盛衰記」（『仙台叢書』第七巻）によれば、「往昔、家兼の御時代より大崎家に四天王の御家臣あり。仁木・里見・渋谷・中目とて四家の御一族なり」とある。また、四日市場鹿島社の九月十日の祭礼には「大崎殿ノ御供、氏家・しふや・仁木・里見御供にて各きは《（騎馬）》の衆御参けい《（詣）》」（「鹿島社神主覚書」）とある。氏家・渋谷・中目の三氏についてはすでに述べたが、仁木・里見の両氏も家兼時代からの重臣だったことが知られる。

仁木氏は三河国出身、清和源氏、足利氏の庶流で、足利義清《よしきよ》の孫実国《さねくに》が三河国額田郡《ぬかたぐん》仁木郷（愛知県岡崎市仁木町）に住んで仁木氏を称した。南北朝内乱期には仁木氏からも多くの守護が出て、とくに頼章《よりあき》およびその弟義長《よしなが》は幕政に重きをなした。その一族の仁木氏が家兼下向に従ったのであろう。次に里見氏もやはり清和源氏で、新田義重《よししげ》の次男義俊《よしとし》が上野国碓氷郡里見郷（群馬県高崎市）に住んで里見氏を称した。この一族からのちに有名な安房里見氏が出るが、家兼の奥州下向にも随従した一族がいたのであろう。義隆の時代には里見紀伊守義成《きいのかみよしなり》は加美郡狼塚《おいのづか》城主で、その次男の刑部少輔《ぎょうぶのしょう》義景《よしかげ》は玉造郡新井田の城主で、義隆の小姓として仕え、のちに伊場野惣八郎《いばのそうはちろう》と対立して大崎家中内乱の導火線になった（後述）。

伊達政宗が家督を相続した天正12年末の南奥羽の戦国大名　『仙台市史』掲載図をもとに作成

　さて義隆の襲封後、会津の芦名盛氏（止々斎）は翌永禄十一年（一五六八）正月二十三日、義隆に書状を送った（史料40）。

ここには「止々斎は、御老父（義直）代には種々「御懇切」にしていただいた。今後も遠境ではあるけれども「御入魂《ごじっこん》」にしていただければ幸いである。そこで私の秘蔵の刀一腰（国信作）をあなたに進上する。秘蔵していただければ本望である。なお、私のほうで乗馬が持ち絶えたので、然るべき馬一疋をたまわれば大慶に存ずる。もちろん、私のほうに御用があれば、早速応ずる考えである」というのである。大崎氏と芦名氏は当時かなり親密な関係にあったことが知られる。

織田信長との交流

なお、当時、大崎領は駿馬の産地として有名で、年代不明だが織田信長も義隆に対して駿馬を所望している。

其許駿馬有之由聞及候条、只今博労内田孫左衛門差下候、別而馳走可㆓祝着㆒、不宜、

九月一日　信長（朱印）

大崎殿

（「宝翰類聚」桂）

義隆は一族たちとの交流も深め、天正初年、高清水木工権頭隆景《たかかげ》（のち長門守）に年始の祝儀として槻弓一張・扇子一本・白麻百帖を贈っている。

年肇之御吉兆、殊更不㆑可㆑有㆓画期㆒候、依之槻弓一張、扇子一本、白麻百帖進之候、誠表㆓先例

祝儀一計候、諸事永日中可二申越一候条、投筆候、恐々謹言
正月十一日　義隆（花押）
高清水木工権頭殿
進之候
（「高泉文書」）

「性山公記録」によると天正九年（一五八一）五月、義隆は京都の愛宕へ立願のことがあって上洛しようとし、はじめ相馬口を通ろうとしたが、合戦があって通ることができないので出羽の長井口を通りたいのでよろしくと米沢《よねざわ》の伊達輝宗《てるむね》に申し入れた。義隆立願の内容についてはわからないが、この戦時多忙の折に上洛しようということは、幕府滅亡後、天下統一を目ざしていた信長との対面を目的としたものであろうか。さきに信長から駿馬を所望された経緯もある。義隆が無事上洛したか否か、その後の経過については明らかにできない。信長は翌天正十年六月、本能寺《ほんのうじ》の変で自殺した。

義隆はこの頃鎌倉・鶴岡八幡宮の受覚公《じゅかくこう》とも親交があり、その奥（平泉ヵ）下向に際して、歓迎の意を表するとともに、清水寺、高野山詣の費用負担を約し、さらに大崎領への入御を待ち入る旨の返書を送っている（史料41）。

なお、義隆も領内の社寺興隆に力を入れ、天正五年十二月に加美郡四日市場の鹿島社の鳥居勧進に馬一疋・板物一端を献じた（加美郡四日市場・「鹿島社神主覚書」）。義隆と同時に、黒川郡の黒川晴氏

も馬一疋・板物一端を寄進している。さらに同十五年十二月、遠田郡の篦峰寺の修理に際して大檀那として右柱の彩色を寄進している（「篦峰寺一山記録」）。ちなみに、左柱の彩色は同じく大檀那として葛西晴信《はるのぶ》が寄進している。

葛西氏との抗争が始まる

義隆の時代になっても、「古敵」である葛西氏との関係は一向に改善されず、両者の間にしばしば紛争があった。元亀《げんき》年間に入ると、両者の紛争はついに合戦にまで発展し、栗原郡佐沼・三迫石越方面でしばしば小規模な戦闘があったらしい。

これに関して『岩手県中世文書』に、元亀二年（一五七一）から同三年にかけて葛西晴信香炉《こうろ》印、あるいは花押の感状（千葉飛驒守・鈴木丹波守・熊谷図書助・佐藤信濃守・白石又太郎ら各氏宛）が載せられているが、これらの香炉印や花押、さらに内容をみると私の見た限りすべて偽文書である。しかし、偽文書とはいえ、このような文書がこの地方に多数残るということは、ある程度の歴史的真実を伝えるものと思われ、当時、大崎と葛西との間で局地的な小規模な戦いがあったことは事実として認めてよいだろう。

「封内風土記」三迫有賀村の条に「元亀之頃、大崎・葛西相争、葛西家武威強大、遂為二葛西家之有一」、また「元亀以来、天正元年三月四日大崎兵敗績、田子屋城主菅原掃部助長国（右馬助兼長孫）戦死、

三迫之地悉為㆓葛西之有㆒」とある。元亀年代、すでに三迫地方はすべて葛西氏の領有に帰したという。
天正年代に入っても両者の戦いがあった。「性山公治家記録」天正五年（一五七八）五月十五日条によると、葛西晴胤への輝宗返書に「晴胤如㆓存分㆒被㆓取成㆒之由、肝要候」とあり、その按文に、この年、葛西家臣の元良《もとよし》某が逆乱を起こし、さらに大崎義隆とも戦ったことを記し、この節、葛西殿は晴信の代で晴胤は隠居だったが、この逆乱や大崎戦について晴胤がとくに謀策したのであろうとしている。さらに同年十一月七日、輝宗父の晴宗（法名道祐）も本吉郡の熊谷伊勢守《いせのかみ》に次の書状を送り、「大崎表之儀」について「あなたに任せるしかない」と調停を依頼し、十二月五日に死去している。晴宗は奥州探題としてこのような地域的紛争を解決すべき任にあったが、大崎・葛西の紛争にはかなり手を焼いた様子がうかがえる（史料42）。

　それからまもなくの十一月十六日、留守政景も葛西氏に書状を送って、大崎義隆が葛西氏と戦うことはまことに心許ないことである。援軍をさしむけたいところだが、現在、小齋に在陣しているのでそれはできない。幸い黒川晴氏が葛西に行くそうだから、萬々晴氏と相談されたいと記している。また同月二十日、政景はさらに晴信に書状を送って、大崎・葛西の不和を解消するよう二度にわたって義隆に申し入れたが聞きいれられず、一笑に付されたことを記している（「性山公治家記録」）。黒川郡の晴氏や宮城郡の政景が大崎・葛西の間に入って、何とか両者の不和を解消すべく努力した様子がうかがえる。この後、伊達輝宗の調停もあって天正六年以降、両者の紛争はあまり見られなくなる。しかし、隣接する両者の紛争は決して消滅したわけではなかったろう。

天正十年頃と思われる政景宛の大崎義隆書状は、輝宗の相馬陣に従軍する労を謝するとともに、当方は「近郡差震える迄の助勢に候間、逐日本意に属し候」と記している（史料43）。

要するに、天正十年代は近郡の助勢によって大崎氏が葛西氏よりもしだいに優勢になっているとの意であろう。

大崎氏の家中紛争

葛西氏との紛争が一段落したあと、天正十四年（一五八六）、大崎氏に家中紛争が起こった。当時、伊達氏では前々年の十月に輝宗が隠居して、嫡子政宗《まさむね》が当主となっていた。この大崎家中の紛争については「貞山公治家記録」に詳述されているが、要約すると次のようである。

義隆に小姓として多年仕えていた新井田《あらいだ》刑部《ぎょうぶ》なる者があった。ところが、のちに伊場野総八郎が小姓《こしょう》として義隆に重用されるに及んで、刑部は大いに不満をもち、「頗ル恐怖ノ思ヲ抱ク」という。総八郎は岩手沢城主氏家弾正《だんじょう》吉継《よしつぐ》を後援者にしていた。吉継は氏家三河守直継の子で、義隆の偏諱を受けて隆継《たかつぐ》といったが、「治家記録」ではすべて吉継とする。

これに対して、刑部に味方したのは加美郡狼塚城主里見紀伊・同郡谷地森城主笠原主膳《かさはらしゅぜん》・同郡柳沢城主笠原備前《びぜん》・同郡米泉《こめいずみ》城主笠原権右衛門《ごんえもん》・同郡宮崎城主笠原民部《みんぶ》・栗原郡高清水城主石川越前《いしかわえちぜん》・

玉造郡葛岡《くずおか》城主葛岡太郎左衛門《たろうざえもん》・志田郡古川城主古川弾正・遠田郡百々城主百々左京《さきょう》・志田郡下伊場野城主中目兵庫・同郡飯川城主飯川大隅《おおすみ》・加美郡黒沢城主黒川治部《じぶ》など大崎氏の重臣のほとんどであった。

天正十四年八月、政宗が畠山義継《よしつぐ》の二本松《にほんまつ》城（福島県二本松市）を収めて米沢に帰ったあと、刑部一派は政宗に対して「玉造郡岩手沢城主氏家弾正吉継及ヒ伊場野聰八郎ヲ討亡シ、主君義隆ヘモ腹ヲ切ラセント欲シテ」加勢を願い、政宗への奉公を約束した。ところが、「彼等不慮ノ義ヲ以テ逆心ヲ飜シ、義隆ヲ取立テ氏家一類ヲ退治センコトヲ謀リ、当家ニ奉公ノ約ヲ違変」したという。刑部は在所の玉造郡新井田城に義隆を抑留した。そこで氏家弾正は政宗に家臣を遣わし、片倉小十郎《かたくらこじゅうろう》を通じて「願クハ御助勢ヲ賜フニ於テハ大崎ノ領地ヲ以テタヤスク御手ニ入レ奉ルヘキ旨」を言上した。政宗はこれを諒承し、氏家氏助勢を約束した。

一方、刑部一派は「伊達ニ奉公ヲ止メ、義隆ノ仰ヲ以テ氏家・伊場野ヲ退治スヘシト相談シ、某等一類数多心ヲ合セ守護セバ、御家臣誰カ異義ヲ存セン哉、只氏家一人ヲ討伐シ玉ハヽ、御家長ク安全タルヘシ」と決議した。義隆は「心底ニハ彼等逆心ヲ起シ、伊達ヲ頼ミタル時ハ弾正独リ忠節ヲ存シ、追腹ヲモ約セシヲ今更退治スル義ナシト思シケレトモ、頻ニ勧メ申スニ依テ是非ニ不レ及、氏家一党退治」に決定した。

以上、大崎氏の家中紛争に関する「貞山公治家記録」の大要だが、これは伊達家側からの観察であっ

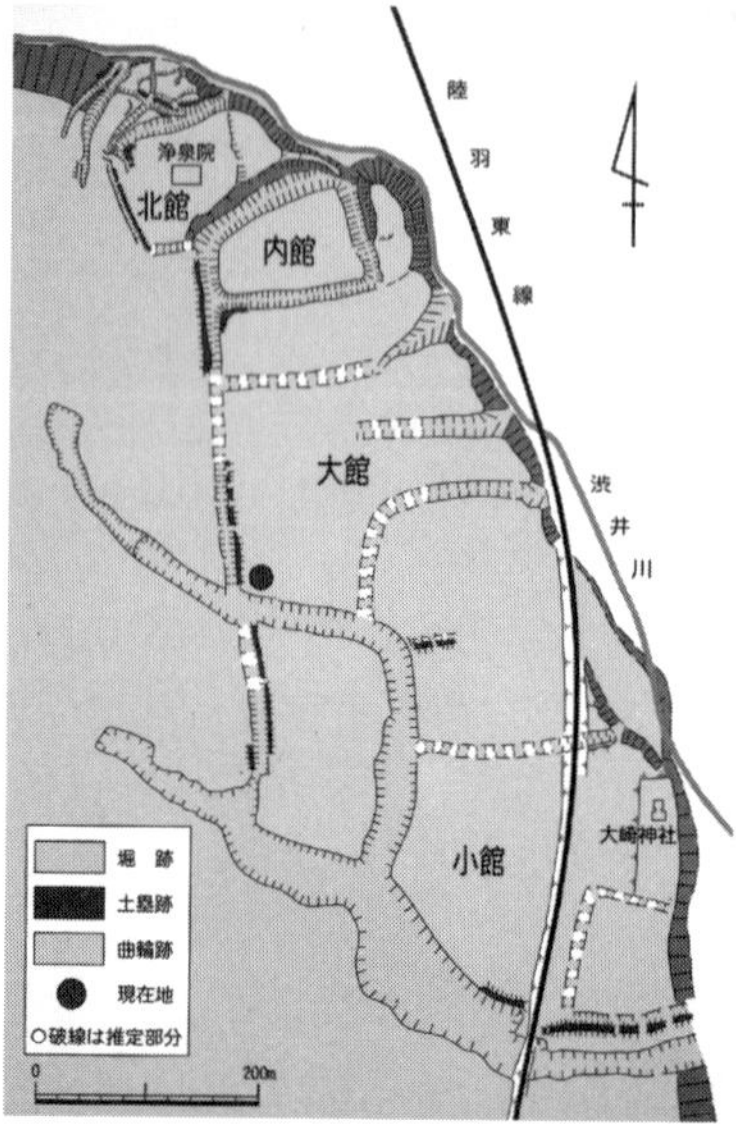

名生城跡の概念図　大崎市教育委員会作成

て、どこまで真実を伝えているか疑問である。とくに氏家氏に関しては、徹頭徹尾、好意的に記されている。さらにいえば、政宗と氏家弾正は当初から通じていた面があったのではないか。極言すれば、政宗の援助で主家大崎氏にとって代わろうとする野望が氏家氏にあったのではなかろうか。大崎氏の一族・重臣たちが挙げて氏家打倒に結束したのは、そのためではなかったか。伊場野惣八郎も、しょせん氏家氏の手先として使われた者だったろう。天正十五年八月八日と思われる政宗宛氏家隆継（吉継）書状は、当時の政宗と氏家氏の緊密な関係をよく示している（史料44）。

隆継が「再三」にわたって政宗に助成を願ったこと、「縦切腹仕候共一筋に奉レ仰外、無二別意一」とか、最近、義隆が名生城へ移ったが、自分の居城の岩手沢城とは五、三里の近くだから、近日中にも万障なげうって助勢願いたいというのである。大崎氏の家中紛争の発端となった伊場野惣八郎の小姓就任も、しょせん氏家氏の工作であり、彼は同氏の手先だったのであろう。

大崎合戦で伊達政宗を破る

氏家隆継の数度にわたる出兵要請にもかかわらず、政宗は当時の周囲の状況、すなわち会津の芦名氏、山形の最上氏、海道の相馬氏らとの緊張関係から容易に出兵することができなかった。しかし、名取郡岩沼城主の泉田安芸《あき》重光《しげみつ》に命じて大崎表の状況を調べさせ、天正十五年（一五八七）暮、ようやく出兵を決意した。以下、「貞山公治家記録」によって大崎合戦の概要を記そう。

重光は、まず宮城郡松森を本陣とすることを政宗に進言したが、ここが大崎氏と縁のある黒川晴氏の黒川郡舞野城の近くだったため黒川氏を刺激することを恐れて許されず、遠藤出羽高康《たかやす》の居城の志田郡松山城を本陣とすることになった。

名生城跡の空堀　宮城県大崎市

名生城跡の土塁　宮城県大崎市

翌天正十六年正月十七日、陣代として浜田《はまだ》伊豆《いず》景隆《かげたか》、両将に留守上野介《こりずけのすけ》政景・泉田安芸重光、軍奉行に小山田筑前《おやまだちくぜん》、目付に小成田総右衛門重長《おなりたそうえもんしげなが》・山岸修理定康《やまぎししゅりさだやす》を命じた。さらに、中奥の長江播磨守晴《ながえはりまのかみはる》清入道月鑑斎《きよにゅうどうげっかんさい》・田手助三郎宗実《たですけさぶろうむねざね》・小泉《こいずみ》

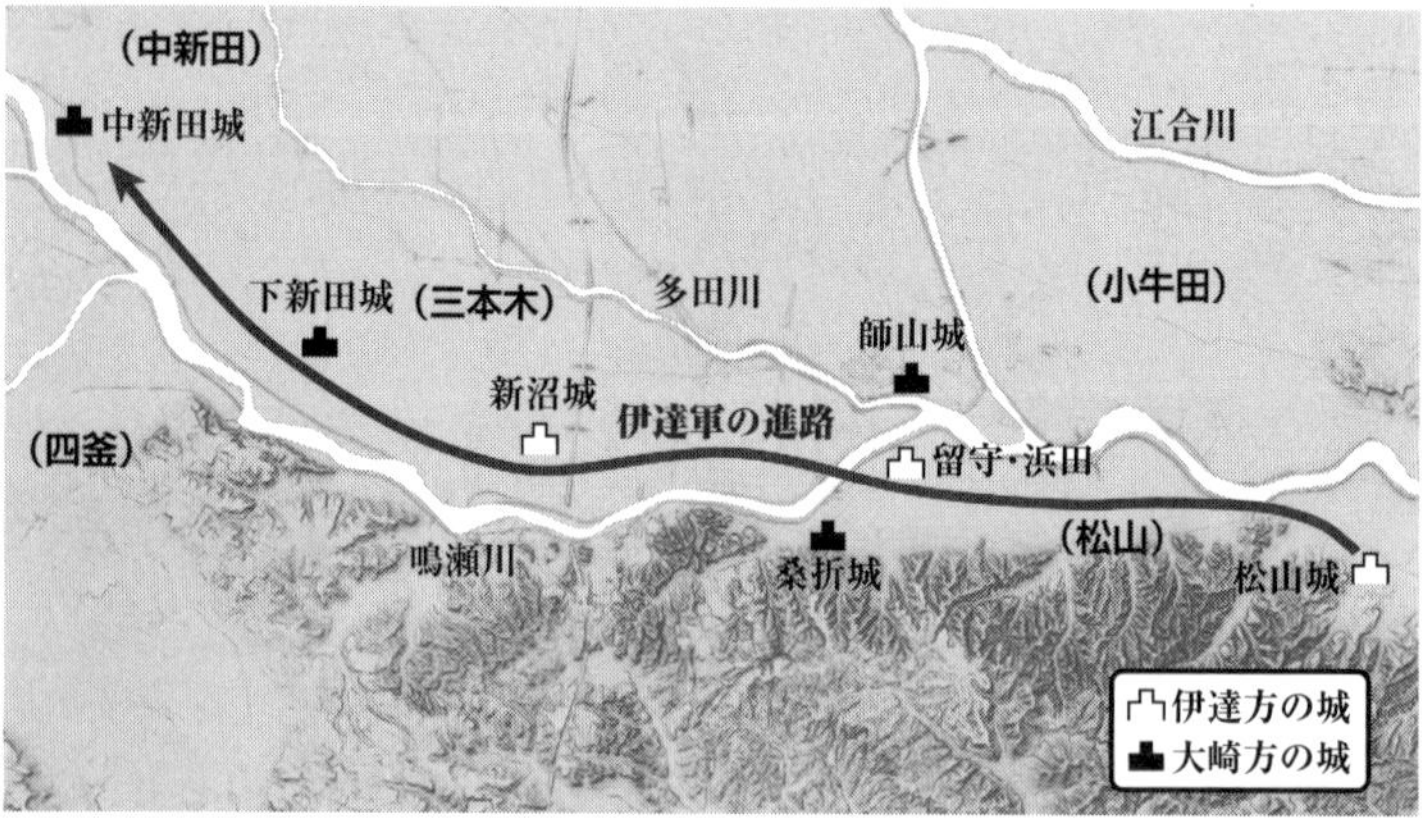

天正 16 年（1547）2 月大崎合戦関係図

御房丸《ごぼうまる》幼少陣代の宮内中務重清・遠藤出羽高康・高城式部宗綱・宮沢左衛門元実《もとざね》・粟野助太郎重国《すけたろうしげくに》・支倉紀伊久清《はせくらきいひさきよ》・小野《おの》雅楽允《うたのじょう》・中名生備後《なかのみょうびんご》らをはじめとして、中奥の諸氏に対し今月二十五日までに岩手沢に着陣し、翌日より出動すべきを命じた。さらに、大崎と最上の境目の中山（大崎市）に湯目又次郎景康《かげやす》を配した。大崎氏と最上氏は「一党」の間柄なので、最上氏の大崎助勢に対抗するためである。政宗はこの中山境を極めて重要視し、景康ののちに原田左馬助《はらださまのすけ》・片倉小十郎・中島主膳・松木伊勢《まつきいせ》らを派遣する予定だった。

一月下旬、伊達軍は遠藤出羽高康の松山城に集結し、軍評定を開いた。はじめ味方になるものと思っていた黒川晴氏が大崎氏に与して、志田郡桑折城に入り防備を固めた。そのために、もし伊達軍が岩手沢城の氏家勢と合体すべくここを通れば、北側の師山《もろやま》城の兵と呼応して挟撃する体制にある。どの方面から軍を進めるかが問題となった。「時ニ遠藤出羽進出テ新沼城主上野甲斐ハ某ガ姉婿ナリ。且ツ当家ニ数代志ヲ通ズレバ是ヲ便リトシ、師山ニ押ヘヲ置デ加美郡ヘ打通リ、中新田城ヲ攻ムルトモ別義有ルヘカラスト申ス」。

これに対して留守政景は、「中新田ヘハ田舎道二十余里ノ行程ト云ヒ、敵城両地ヲ後ニシテ押通ル事気遣ナリ」として反対した。泉田重光は「政景ト我等素ヨリ隙アリ、特ニ今度ノ御弓矢ハ我等言上シ御人数相向ラル、且ツ月舟斎ハ政景ノ外舅ナリ、彼此ニ付テ精ハ入ルヘカラス」と思い、出羽の意見に賛成し中新田城を攻撃する作戦に決定した。この城は大崎氏の本城であり、これを抜けば岩手沢の氏家一党と合流して大崎地方を攻略することができると判断したのである。

二月二日、伊達勢は松山城を出発、泉田安芸・深谷《ふかや》月鑑斎・遠藤出羽・高城式部宗綱・宮沢左衛門元実・小山田筑前らは師山城の前を通り、新沼を経て中新田城を目ざした。時に中新田城の東南の下新田城には城主の葛岡《くずおか》監物、ならびに加勢の里見紀伊をはじめ、谷地森主膳《しゅぜん》・弟の柳沢備前・米泉権右衛門・宮崎民部・黒沢治部らが籠もっていた。

「治家記録」には、伊達勢が「中新田ヘ押通ラバ、一人モ通スマジキ由高言シテ待チ懸タリ、然レトモ大勢押通リタレバ一人モ出合者ナシ、味方是ヲ侮リテ押ヘヲモ不レ置シテ打通ル」とあるが、おそらく、これは伊達勢をやり通してのちに包囲するという大崎方の作戦だったのであろう。

師山城には古川弾正をはじめ石川越前《いしかわえちぜん》・葛岡太郎左衛門《たろうざえもん》・百々左京らがたてこもり、鳴瀬川南岸の桑折城には黒川月舟斎《げっしゅうさい》が城主飯川大隅と共に挟撃する体制にあった。そこで留守政景　浜田景隆・

田手助三郎宗実・宮内中務重清ら四百余騎が師山の南に押さえとして控えた。

さて、伊達勢は中新田城に押し寄せ、一気にこれを攻め落とそうとしたが、城代の南条下総は町曲輪より四、五町離れて打ち出したので、一戦して城へ追い込み二三の曲輪町構に放火した。南条は本丸にたてこもって固く守り、日暮れになってもこれを攻め落とすことはできなかった。敵地深く侵入した伊達勢は周囲を敵城に囲まれており、このままでは危険なので軍奉行の小山田筑前は攻撃軍に総引き揚げを命じた。

一方、岩手沢の氏家弾正隆継は、伊達勢が「数多ノ敵城ヲ過テ中新田ニ働クヘシトハ思モ不レ寄シテ、夕〻岩手沢近所ノ敵地所々焼払ヒ、人数引揚」げてしまったので、中新田城攻撃には参加しないでしまった。伊達勢の総引き揚げということになったが、「折節雪深ク、道一筋ナレバ、進退自由ナラス」、さらに下新田城の葛岡・里見・谷地森らの追撃があって、伊達勢は苦境におちいった。しかも頼みにしていた留守政景・浜田景隆らの軍もすでに引き揚げてしまったので、師山城にいた古川・百々らの軍勢が一気に押し出して前方を遮ってしまった。前後を敵に囲まれ、進退きわまった伊達勢は散々な敗戦となり、軍奉行の小山田筑前は討ち死にした。総勢五千余名の伊達勢はようやく新沼城に籠城し、味方の来援を待つことになった。

伊達軍の敗因

伊達勢敗戦の理由としては次の事情が考えられよう。

一、政宗が当時、周囲の状況から自ら出陣できなかったこと。

二、副将の泉田重光と留守政景との間に意思の疎通があり、作戦に影響したこと。

三、味方になるものと思っていた黒川晴氏が大崎方についたこと。

四、大崎領に関する認識が不十分で、とくに氏家氏の勢力を当時、政宗は次のように過大評価していた。「至二近日一、氏一味之衆十八館其外五ヶ所、当方属二膝下一候、大郡中過半氏家任二存分一候」（米沢・「志賀慎太郎文書」天正十六年二月五日伊達政宗書状〈宛所欠〉）。

五、伊達勢と氏家勢との連絡が極めて不十分で、中新田城攻撃に共同作戦をとれなかったこと。

六、当時は厳冬で積雪が深く、攻撃軍にははなはだ不利な状況下であったこと。

七、政宗の予想に反し、氏家方に応じた大崎領内の国人衆や地侍が意外に少なく、大崎氏の一族・重臣たちはほとんど郷土防衛のために一致結束して戦ったこと。

この敗戦の報が米沢城の政宗のもとに達したのは二月七日であった。政宗はただちに伊達・刈田・柴田・伊具の諸郡から援軍を送ることにした。しかし、再び一気に攻撃を開始することは敵中に孤立する新沼籠城軍をかえって危険にさらすことになる。その上、伊達勢敗戦の報が南奥の仙道方面に伝わると、この方面の情勢も険悪となり、また、大崎氏と深い関係にある最上氏に対してもつねに防備しなければならず、政宗はみずから出陣することは不可能な状態にあった。

籠城軍に対する兵糧等は氏家氏が続けた。二月十六日、政宗は、敗戦は残念至極という葛西晴信の書状に接して、「骨肉之筋目」によって応援を依頼した。「骨肉之筋目」とは、政宗の父輝宗と葛西晴信が従兄弟の関係にあったからである。一方、同日、山形の最上義光《もがみよしあき》は最上郡の庭月和泉守《にわづきいずみのかみ》に対して、もし伊達勢が大崎に来攻すれば真室を根拠に庄内・仙北の防備を固めるよう指示している（「楓軒文書纂」〈天正十六年〉二月十六日庭月和泉守宛最上義光書状）。伊達氏と最上氏は当時、つねに緊張関係にあったことがわかる。

伊達籠城軍が無事に帰還する

大崎方にとっても、伊達氏とのこれ以上の戦は望むところでなかった。最終的に勝つ見込みは到底ないからである。やがて、大崎一族の古川弾正の家臣北郷左馬允《きたごうさまのじょう》、同じく一族の百々氏の家臣鈴木《すずき》伊賀《いが》の両名が新沼城に来て、大崎方の意向として泉田安芸と深谷月鑑斎の両名を人質に渡せば、伊達勢の引き揚げを認めると連絡した。こうして二月二十三日、両名は人質として志田郡蟻袋に移り、遠藤高康・高城宗綱・宮沢左衛門元実（大松沢領主）らをはじめとした全軍が無事、新沼城を出ることができた。政宗はこれらの始末を聞いて、「このたびは余りにも深働きして失敗した。このつぎは氏家らに命じて桑折・師山の両城を抜いて岩手沢との路を開き、氏家と共に大崎を攻め亡ぼすべし」と言ったという。

三月六日、政宗は遠藤高康らに書状を送り、籠城中、政宗自身が出馬して救出するつもりだったが、南口の最上口に派兵していたので救援できず、「于レ今無念候、然所ニ各身命無二相違一出城、一身之満足此事ニ候」と記し、高康らの出城を喜んでいる。人質になった月鑑斎は、その後、四月までに許されて深谷に帰ったが、泉田安芸は加美郡小野田城に送られ、さらに最上に移された。

大崎攻めに失敗した政宗はますます氏家一党を援助し、一迫刑部・鵙目《もずめ》豊前《ぶぜん》らに対しても一味中、堅固の処置を講じ最上氏の大崎合力をくいとめるよう命じた（斎藤報恩会蔵「貞山公治家記録引証記」所収文書〈天正十六〉三年二十四日鵙目豊前宛伊達政宗書状）。一方、最上義光も黒川氏の大崎援助を喜ぶと同時に、伊達氏の攻撃に十分備えるよう要望している（『山形県史』中山図書助宛最上義光書状）。

こうした中で、天正十六年四月五日、前田利家から政宗に対して「最上与御間之儀、非二指御遺恨一候者、可レ有二一和一之由、従二富田左近将監方一被二申越一旨候、如何可レ有レ之候哉、以二御分別一、御入魂専用に候」と、最上氏との和解を勧告してきた（『山形県史』）。この頃、政宗が援助していた氏家党の中にも分裂が起こり、弾正隆継の父三河守真継や一族の一栗兵部らが変心して義隆に奉公し、政宗を怒らせた（「貞山公治家記録」）。一方、最上義光は義隆に対して氏家弾正らを赦免するよう「諫言」し、「定急度可レ為二落着一候」と述べ、一件落着を期待している（『山形県史』「田林文書」小介川治部少輔宛最上義光書状）。

さらに七月六日、政宗の母保春院《ほしゅんいん》（最上義守《よしもり》娘）は片倉小十郎宛に書を送り、最上・大崎両家と伊達家が和睦するよう周旋を依頼し、同時に黒川月舟斎の件もよろしく頼んだ。八日、義光より保春院に対して和睦の件、黒川の件同意する旨の返事があった。また十八日、義光は「侍道の筋目」によって大崎の件につき同意し、和睦の成就したことを述べている。（『山形県史』小介川治部少輔宛最上義光書状）。こうして七月二十三日、かねて人質として最上に渡されていた泉田安芸は無事帰った。政宗は途中まで出迎えたという。また、二十六日「入レ夜、泉田安芸ヲ饗セラル（中略）安芸ニ御刀・御脇指・御馬一匹・時服十賜ル」（「治家記録」）とある。こうして大崎合戦は終わった。

豊臣秀吉による奥州惣無事令

大崎合戦が終わり、大崎領は一応平穏になった。天正十六年（一五八八）十一月十四日片倉小十郎景綱宛政宗書状によれば、氏家一党・高清水一党はじめ大崎家中の大半が改めて懇切であり、「北口奥筋如何ニモ静謐ナリ、心安カルヘシ」と記している（「貞山公記録抜書」）。しかし政宗としては、あくまでも氏家を助けて大崎領を征服するつもりだった。十月二十四日、氏家弾正宛政宗書状によれば、最上義光が氏家を抱えこむ企てをしているそうだが、「言語道断」だとし、「争年来其元へ申合首尾可レ為二相違一候哉」として、氏家への助勢を約束している（「貞山公記録抜書」）。十一月二十九日、政宗は松山の遠藤左近高宗《たかむね》に書を送り、氏家弾正一味と連絡をとり、大崎領の動静をたえず観察して報告するよう求めている（「貞山公記録抜書」）。

この年（天正十六年）十月二十六日、政宗と奥羽諸氏との紛争に関白秀吉《かんぱくひでよし》より徳川家康《とくがわいえやす》を通じて政宗に対し、いわゆる惣無事令《そうぶじれい》が下された（史料45）。すなわち、惣無事令によって伊達と最上が「和與」したことは結構である。今後とも、最上とは「骨肉」の間柄だから互いに仲良くするようにとの意である。しかし、かかる秀吉の惣無事令にもかかわらず、奥羽の情勢は容易に治まらなかった。

伊達氏と大崎・最上・黒川三氏との和睦成立後も、両者の関係は依然として険悪であった。義隆は反逆者として氏家弾正を切腹させようとし、弾正は政宗に救援を求めた。翌天正十七年一月、政宗は原田旧拙斎《きゅうせつさい》を派遣して大崎方の動静を探索させた（「留守文書」天正十七年正月二十三日留守政景宛伊達政宗書状）。さらに二月に入ると、弾正は自ら米沢に参上して政宗に出動を依頼した。これによって二月十三日、政宗は泉田安芸守重光に書を送り、当年中に出動するやも知れぬことを伝え、その「支度」を命じている（岩手県奥州市・小林晋一氏文書）。この書状は政宗の自筆で、政宗の大崎征伐はこの頃、決意したことが知られる（史料46）。その後、中奥の諸氏に対しても「不日大崎へ御出張ノ義アルベシ、其支度聊カ油断アルベカラズ」と命じている。

一方、最上義光は二月一日、加美郡小野田城主の石川長門守《ながとのかみ》に書状を送り、氏家弾正が米沢に登ったそうだが、自分の遺恨をもって「錯乱」に及んだものであろう。逼塞させることは当然である。大崎の諸氏が義隆に異儀なく奉公を続けたならば、政宗もたやすく思うままに出陣はできないだろう。もしも政宗が大崎表へ出陣したならば、自分とも絶縁だと述べている（『山形県史』「石川文書」最上義光書状）。同月十二日、義光は政宗母の保春院（おひがしさま）に書状を送っている（『山形県史』「伊達家文書」最上義光書状）。「返々うちへ（氏家）いかやうなる人ニ候や、なんしきの人と、こゝ一時ニまさ（政宗）の御らん（覧）し候へく候、よろつ大の事、それにてしれ申候へく候」と、「氏家弾正はいかなる人物か、政宗にもよく観察していただきたい、それによって大崎のこともすべてわかるだろう」と述べている。

さらに義光は二月十三日、栗原郡沼辺城主の沼辺氏に対しても書状を送り、このたび氏家弾正が米沢に赴いたことについて大崎領の様子を案じていたが、「皆以義隆へ奉公無二ニ候由」承って満足した。「今般大崎之名跡相続候も、滅劫候も、偏《ひとえ》ニ旁《かたがた》之御支《ささえ》ニ可レ有レ之候、此方之儀も大崎前後ニ可二相果一之存慮訖《まで》候」と、大崎家中の義隆への忠節を期待し、最上も大崎と運命を共にする覚悟だと述べている（『山形県史』最上義光書状〈山形市・武田喜八郎氏所蔵文書〉）。

しかし、他面において義光は義隆の将来について深く憂慮していた。彼はこの頃、政宗の大崎出兵の意図を察知し、何とかこれを阻止しようと二月十八日、政宗母の保春院夫人に、「我らまさへ御ねんころ申度おもいれにて候間、ひとへニ御ひかしさま御まへニ候へく候、御とりあわせたのミ入候、其上ハうちへ（氏家）も、大も、尤伊も、此方も、たゝ一まいニまかりなる事ニ候」と夫人に対して、伊達・大崎・最上・氏家四氏の調停和睦を依頼した（「伊達家文書」〈天正十七年〉二月十八日最上義光書状）。ついで二月二十三日、さきに大崎氏に与同した黒川晴氏も、政宗に奉公する旨の起請文を提出し、政宗もこれを了承する旨の起請文を交換した（史料47）。

和議成立し伊達の軍門に降る

こうして、さきに大崎氏と共同戦線をとった黒川氏も、今や政宗の支配下に入った。大崎氏が伊達氏と和睦する形でその軍門に降ることも、もはや時間の問題だった。やがて四月十六日、政宗と義隆の和睦が成立した。これについて「貞山公治家記録」天正十七年（一五八九）四月十六日の条に、次のように記されている。

当家ト大崎殿和睦ノ義、最上殿ヨリ御東へ仰通セラレ、種々御取扱ヒアリ、因テ三箇条ノ題目ヲ以テ、今日和議調フ、題目左ニ載ス。

一　大崎向後者伊達馬打同前ノ事

一　山形ヘノ縁辺被㆓相切㆒、当方ヘ縁約ノ事

一　氏一統ニ向後モ不㆑可㆑有㆓違乱㆒之事

第一条は、大崎領は今後、伊達氏の馬打同前すなわち伊達氏の麾下に入ること。第二条は、最上氏との縁を断って伊達氏と縁約を結ぶこと。第三条は、氏家党に今後圧迫を加えてはならないこと、である。要するに和議とはいえ、これは全面的に義隆が政宗に降服したことを意味する。それだけ当時、政宗の圧力が強く、征伐を免れたいという気持ちが義隆側にあったのであろう。この後、氏家弾正隆継・富沢日向《ひゅうが》貞連《さだつら》等、反大崎派の大崎出仕の件について問題が起こったが、賀守政景・黒川晴氏の

調停によって、六月十三日、義隆は起請文を政宗に提出して一件落着した（史料48）。

七月二日、最上義光はさきに大崎に派遣した家臣の勝間田右馬亮《かつまたうまのすけ》に書を送り、「今般氏家一連之者共大崎御前へ出仕致之段、被レ見ニ鯉書一候、於レ予喜悦之勝事不レ過レ之候、於ニ向後一大崎洞中ニ波瀾不ニ相立一、氏家党類之者共、永代無レ恙抽ニ忠功一、御奉公致之様、従ニ其元一可レ被レ加ニ御意見一事」を命じている（『山形県史』最上義光書状）。氏家の大崎奉公を確認して義光も安堵した様子がわかる。

こうして、大崎氏の伊達氏への全面降服によって第二次の大崎合戦は避けられたが、このたびの屈辱的な和議に対して大崎家中には当然、これに反発する者もあった。この月二十三日、葛西晴信家臣飯倉《いいくら》伯耆《ほうき》直行《なおゆき》宛政宗書状によると、「大崎控中頃日ニ於テ世間ヨリ計策アル由、其聞へアリ」と大崎領内に不穏な動きがあったことを記し、氏家弾正に油断なく取り計らうように富沢日向貞連よりも意見があれば喜びであると記している（「貞山公治家記録」）。

ちなみに多年、大崎氏と宿敵の間柄だった葛西氏は、伊達家から入嗣した晴胤がすでに隠居し、嫡子晴信がこの頃の当主であった。彼は前年の九月、政宗の要求に応じ家臣を遣わして鷹を送り、起請文を交換して伊達氏の勢力下に入った。当時の慣習で鷹を送ることは臣従を意味する（大石直正「三つの奥州征伐」〈『歴史のなかの東北』所収〉）。

摺上原合戦、政宗が仙道七郡を征服

大崎氏を屈服させて大崎問題に一応決着をつけた政宗は、宿敵である会津の芦名氏征伐に全力を傾け、天正十七年（一五八九）六月、摺上原《すりあげはら》の戦いでついに同氏を滅ぼし、黒川城に入った。この戦いに葛西・大崎そのほか奥口より鉄砲衆五百余人が参加している（「貞山公治家記録」）。これは大崎家臣団の一部が、すでに伊達軍団の中に取り込まれていたことを示すものであろう。

政宗は十月に入ると、さらに須賀川城《すかがわ》（福島県須賀川市）を攻略して二階堂氏を滅ぼし、勢いに乗じて白河・石川・岩瀬・安達・安積・信夫・田村のいわゆる仙道七郡を十一月末までに征服して年来の宿願を果たした。政宗の次のねらいは、前年の敗戦の屈辱を晴らすべく大崎領を完全に入手することだった。一方の義隆は十月二日、政宗家臣の下飯坂壱岐守に書を送り、「然而政宗被レ属二本意一之由、旁々以可レ為二快悦一候、将亦此表之儀、無二指儀一候」と政宗の勝利を祝し、大崎領の無事を述べ、今月三日に名生城へ移ったことを記している（『岩手県中世文書』「下飯坂文書」）。義隆は政宗との問題が一応決着して安堵したかのようで、政宗に対する警戒心をほとんどもっていなかったようである。

政宗の大崎征服計画

しかし、大崎氏を滅ぼして大崎領を完全に支配しようという政宗の意思は、以前と少しも変わらなかった。政宗は早くから大崎領の諸氏に対し政宗麾下に参加するよう、はたらきかけていた。すでに義隆との講和前日の四月十五日、彼は深谷の長江播磨守月鑑斎に対して、次のような朱印状を発給している。

書出し

一、大洞（大崎）中ニ、当方可レ被二相応一族候者、所領之義望次第ニ可レ有レ之事

一、当方被レ応候共、此口陣参之事者可レ為二赦免一事

一、大名（大崎）跡ニ、従二当方一不レ可レ有二違乱一事

一、金子杯之用立義候者、可レ被二申越一事

一、氏家方へ一統之事

以上

四月十五日（天正十七年カ）　政宗（朱印）

長江播磨守殿

（「伊達家文書」）

㈠大崎家中の者で政宗に奉公したい者があれば、所領は望み次第であること、㈡奉公しても「陣参」は赦免すること、㈢大崎領には当方より違乱しないこと、㈣金子が必要であれば、いつでも用立てすること。㈤氏家方についてまとまること。これらは、実に甘い誘惑の手であった。大崎家中がどの程度応じたかについては明らかではないが、政宗が大崎領征服の手段を着々と講じている最中、豊臣秀吉による天下統一の勢いが東北地方にも及んできた。大崎氏に対しても、この年八月十六日、上杉景《うえすぎかげ》

勝《かつ》から書状が届けられた（史料49）。

景勝から義隆に対して、万事をなげうっても至急上洛し、秀吉に臣従すべきを勧めてきたのである。

さらに、この上洛勧告に関して九月九日、最上義光の葛西晴信宛書状に、

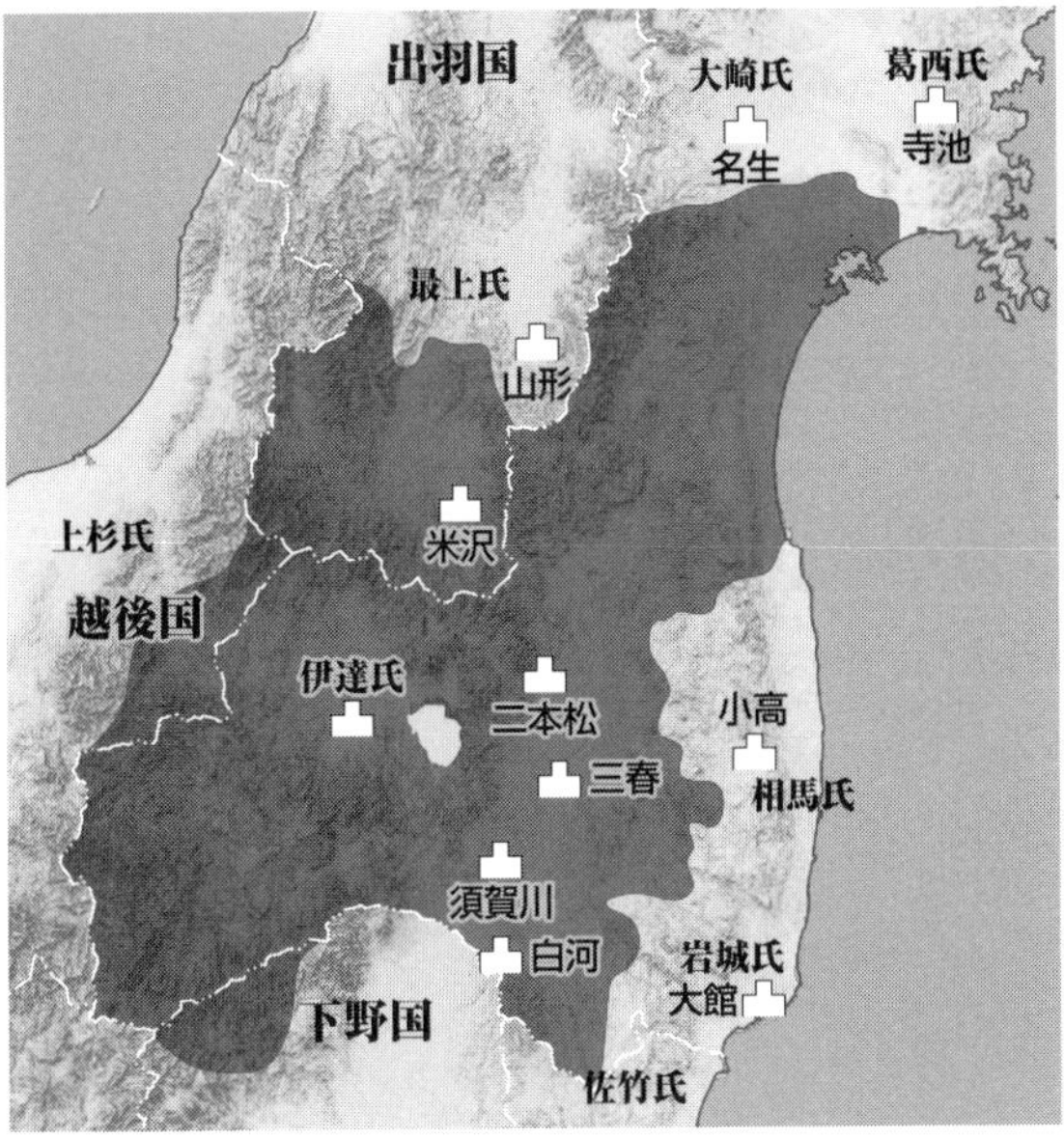

天正17年（1589）末の伊達氏の版図　『仙台市史』掲載図をもとに作成

（前略）将亦従二上方一大崎迄ハ御廻文有レ之段及レ承候、其元へも御使節被二罷下一候哉、無二心元一令レ存候、然而兼日大崎・葛西・我等之事者、隣郡懇切之事ニ候、於二上洛一者、三人同心ニ白砂迄も可レ致二祗候一之由、申上候間、自然従二上方一、向後ニも上洛可レ有レ之由候者、右旨御挨拶可レ然候、別而大崎へ御相談尤存候（下略）」

とある（『山形県史』米沢市・戸屋雄吉氏所蔵文書）。大崎・葛西・最上の三氏が一体となって行動し、上洛命令があればこれに応ずるよう勧告し、また、大崎氏とも相談

すべきことを申し入れてきた。この後、最上氏は上洛して秀吉に忠誠を誓ったが、大崎・葛西の両氏は最上氏の勧告にもかかわらず、当時すでに伊達氏の麾下に属していたために自由な行動がとれず、ついに上洛しなかった。のちに秀吉の奥州仕置《おうしゅうしおき》によって所領没収の処分を受けるはめになった。

伊達政宗に秀吉の上洛命令が下る

この頃、政宗に対しても秀吉から上洛命令があった。秀吉としては、政宗が秀吉に服従した会津の芦名氏を討ち会津城（黒川城）に入ったことを怒り、政宗を詰問するつもりだった。これに対し政宗家臣の上郡山仲為《かみこおりやまなかため》は九月三日、浅野長政《あさのながまさ》宛条書（「伊達家文書」）で次のように記している。

まず、第一条に「今度御上使罷下ニ付、政宗一段祝着被〻申」と述べ、「即上洛之儀」治定したが、越後の上杉景勝の命令とかで伊達領は「手切」に及んだので政宗は上洛を延期したこと。第二条に芦名征伐の理由として、同氏が父輝宗代の縁約を破ったこと。奥州の諸氏にはたらきかけて伊達を打ち果たすことを企てたことを挙げ、第三条に「奥州五十四郡之儀」は「奥州探題」である政宗の権限であること。第四条に越後衆（上杉衆）が会津表で戦ったこと。第五条で会津の残党が越後へ廻って種々画策していることを挙げ、やがて伊達の使者が上洛して詳細を申し入れるだろうと記している。こうしてこの年、政宗の上洛はついに実現しなかった。

十一月六日、政宗は松山の遠藤出羽高康に仙道方面の戦勝を伝えるとともに、大崎方に近日異状がないか、もしもまた、氏家弾正らが「窮屈」の状況になったなら、高康よりよろしく取り計らうよう命ずるとともに、最上義光より大崎一同に「計策」があるそうだが、特別なことがあったら早速、注進するよう命じている（「貞山公治家記録」天正十七年十一月六日条）。さらにこの日、伊場野外記、翌七日には大松沢《おおまつざわ》左衛門《さえもん》元実《もとざね》に対しても、ほぼ同様の指令を発している（「貞山公治家記録」天正十七年十一月六日条）。

この後、政宗はさらに大崎家臣たちへのはたらきをも強めた。十七日には、玉造郡名生定城主の湯《ゆ》山修理《やましゅり》隆信《たかのぶ》に対し、氏家弾正に協力して無二奉公したならば、政宗が大崎領を征服した際は、必ず玉造郡一栗の跡を宛行う旨を記している。「一栗の跡」とは、さきに氏家党を離れて義隆に奉公した一栗兵部の跡である。「貞山公治家記録」は、これに「是レ公内々大崎近辺ノ諸城主等ニ命ゼラレ、遂ニハ大崎ヲ攻メ玉フヘキ思召アッテ、彼筋ノ輩ニ連々如此ノ御證状ヲ與ヘラル」と解説している。

十二月に入ると、政宗は小成田総右衛門重長を大崎筋に派遣し、大崎家中たちに対して内密裡に伊達氏への内応を勧め、もし大崎征伐が成功したら奉公の程度によって相応の知行を与えることを約束した。とくに大崎重臣の中目兵庫（志田郡中目城主）には、加美郡四日市場を宛行うことを約束した。政宗は大崎征伐の作戦計画はすべて留守政景に任せ、大崎地方の諸城主らが氏家党及び富沢日向らと結び、大崎氏を攻め亡ぼすよう命じたのである。

政宗が小田原攻めの秀吉に謁見

しかし、政宗のこの計画は順調には進まなかった。翌天正十八年（一五九〇）になると、秀吉の小田原北条氏征伐の計画が進捗し、前田利家《まえだとしいえ》・浅野長吉《ながよし》らが政宗に対して速やかに小田原に参陣すべきと勧告してきたのである。政宗は天下の大勢を察し、思案の末、参陣を決意した。三月二十六日、彼は相馬境にある中島伊勢守宗求に書状を与えている（史料50）。

この書状は、小田原に参陣するので相馬境の駒峯ほかを十分に警備するよう命じたものであるが、おそらく大崎表に出張中の小成田惣右衛門や、大崎征伐の大将となるべき留守政景にもこのような旨が伝えられたのであろう。しかも、政宗の大崎征伐の意思はなお変わらなかったようで、四月十九日の大崎方の伊場野外記・鮎田大隅らへの政宗書状によると、上洛後に下向してから早速、その口の仕置を命ずるが、その間はすべて氏家方と話し合うよう命じている（「貞山公治家記録」天正十八年四月十九日条）。

五月九日に政宗は小田原へ出発、越後から信濃路を経て六月五日、小田原に到着した。同七日、秀吉から前田利家・浅野長吉ら五人の詰問使が派遣され、服属の遅延と秀吉麾下の芦名氏を滅ぼしたこと、さらに骨肉の間柄である最上・大崎・相馬と戦ったことなどが詰問された。政宗はこれに対して逐一答弁しているが、大崎氏との戦いは境論からであると述べている。これは政宗配下の松山遠藤氏と大崎氏との多年の境争いを指すものであろう。義隆父の義直も、このために志田郡松山に出陣している（「常楽院書出」）。秀吉はこの答申を聞いて、会津討滅の罪は免れないとして、会津・岩瀬・安積の地を没収し、安達郡の二本松・塩松と本領の伊達・信夫以下の諸郡を安堵することにした。ついで九日、秀吉は政宗に謁見を許し、その非凡なることを見抜き、政宗を利用して奥羽の支配を容易にしようとした。

こうして政宗は、小田原落城を待たずに六月十四日、会津収封の命を受けた木村清久《きむらきよひさ》と共に小田原を発ち、同月二十五日、黒川城に帰った。

秀吉の奥州仕置と大崎氏の終焉

七月五日に小田原城が陥落し、北条氏は滅亡した。秀吉はその旧領を徳川家康に与えた。やがて東北地方処分、いわゆる奥州仕置のため、徳川家康・豊臣秀次《ひでつぐ》・浅野長吉・上杉景勝・木村吉清《よしきよ》らを派遣して政宗にその補助を命じ、自身も会津黒川城に赴いた。

八月九日、秀吉は黒川城に入り、ただちに参陣しなかった大崎義隆・葛西晴信をはじめ、政宗の麾下にあった石川昭光《あきみつ》・白川義親《よしちか》らの所領を没収し、大崎五郡・葛西七郡の城は木村吉清に、会津・岩瀬・安積・白河・石川の諸郡は蒲生氏郷に与えられた。いわゆる天正十八年（一五九〇）、秀吉の奥州仕置である。やがて蒲生氏郷・浅野長吉・木村吉清らは政宗の案内で収封をはじめ、加美郡城生を基地として、まず大崎氏の居城である中新田城を収め、ついで志田郡古川城・玉造郡岩手沢城以下、大崎領内の諸城を収めた。多少の抵抗はあったものの、強大な秀吉権力からみれば、とるに足らないものだった。葛西領は石田三成と浅野長吉の手によって没収された。

文和《ぶんな》三年（一三五四）十月、始祖家兼が志田郡師山に入部して以来、ここに至るまで二百三十六年続いた大崎氏の支配はこうして終わりを告げた。

ところで、大崎氏がこのような所領没収の処分をうけたのは、秀吉の上洛命令に従わなかったこと、小田原にも参陣しなかったことが直接の理由だが、天正十七年四月十六日の政宗・義隆の講和、事実上の義隆の降伏以降は大崎領はたえず政宗の監視下にあり、しかも政宗自身、大崎領を武力征服する準備を整えていたことは既述のごとくである。このような状況下、義隆が独自に上洛あるいは小田原参陣することは到底不可能なことであった。この点、同じく所領没収の処分を受けた葛西氏の場合とは、事情が大いに異なる。葛西氏の当主晴信は政宗の父輝宗と従兄弟であり、また、天正十六年九月にはすでに晴信は政宗陣営に参加しており、政宗と運命共同体だった。

これに対して大崎氏は、政宗からみれば伊達家から入嗣した義宣を追い出され、さらに天正十六年二月には敗戦の屈辱を受けており、何としても大崎氏を打倒したかった。葛西・大崎両氏に対する政宗の態度はそれぞれ異なっていたが、いずれにしても両者共に、独自に上洛あるいは参陣できる状況ではなかったのである。

大崎・葛西一揆の勃発

このように、政宗の麾下に属した葛西・大崎の両氏をはじめ、石川・白川などの諸氏は政宗の抑制によって小田原へ参陣できず所領を没収されたが、政宗に最後まで服しなかった相馬義胤《よしたね》はじめ最上義光・秋田実季《あきたさねすえ》らはいずれも本領を安堵された。八月十二日には、早くも有名な奥羽の検地命令が出された。奥羽の仕置は豊臣秀次・徳川家康・浅野長吉・蒲生氏郷・上杉景勝ら、秀吉麾下の主将たちによって着々と進められた。

さて、大崎・葛西の広大な旧領に新領主として臨んだ木村吉清は、もとは明智光秀《あけちみつひで》の家臣だったという。秀吉に重用され、にわかに大崎・葛西十二郡の主となったが、新政の方針によって検地・刀狩などをはじめ、苛酷な伝馬役等の労役がつぎつぎに打ち出された。十月はじめ、中新田でこれに反抗した大崎氏の旧臣・百姓ら三十余人が磔《はりつけ》にされる事件が起こった。これをきっかけに一揆が各地に起こり、岩手沢城は一揆に乗っ取られて古川城も攻められた。さらに旧葛西領の胆沢・気仙・磐井の諸郡にも大規模な一揆が蜂起した。史上有名な「大崎・葛西一揆」である。

翌天正十九年六月二十五日、加美郡の宮崎城合戦では城主の笠原民部が孤城に拠ってよく戦い、政宗の重臣である浜田伊豆景隆が戦死するほどの非常な激戦だったが、一揆勢はことごとく撫で切りにされ、民部は最上に亡命した。なお、この戦について六月二十六日、政宗は浅野長吉にも報告している（史料51）。さらに七月三日の佐沼《さぬま》城合戦については、角田肥前守俊種《かくたひぜんのかみとしたね》が慶長《けいちょう》十八年（一六一三）

文月上旬に書いたという「佐沼撫切之状」（仙台市博物館蔵）に詳しい。これによれば、撫で切りにされた一揆勢の首・鼻は合計二万七百余人だったという。この佐沼城合戦を最後に、大崎・葛西一揆は政宗により鎮定された。その間、一揆討伐に当たり政宗と蒲生氏郷との間に確執があり、政宗は天正十九年一月に秀吉から呼び出された。二月には入京し、秀吉から本領の伊達郡ほか会津近辺の五郡を没収され、代わりに大崎・葛西十二郡の地を与えられることになった。

所領没収後の義隆とその子供たち

所領を没収された義隆はその後、石田三成の指図で上洛し、葛西晴信ものちに上洛した（「貞山公治家記録」天正十八年八月十八日条）。これは三成のはからいだろうが、この年の十二月七日、義隆は秀吉から大崎領検地の上、本知行分の三分の一を宛て行われるとともに、帰途の伝馬を朱印状によって支給されている。これに関し、『岩手県の中世文書』下巻に所収された「宝翰類聚」乾に、左記の四通の秀吉朱印状写がある。

㈠於二奥州一、其方本知行分内検地之上、三分壹宛行訖、全可二領知一候也、

天正十八

十二月七日　　　　秀吉（朱印）

大崎左衛門佐とのへ

㈡分国中伝馬廿疋、大崎左衛門佐ニ可レ遣レ之候也、
　十二月七日　　秀吉公御朱印
　　羽柴越中侍従とのへ
㈢大崎左衛門佐罷下付而伝馬廿疋申付、先々泊ニて慥可二送届一候也
　十二月八日　　秀吉公御朱印
　大津　　新庄駿河守とのへ
　かい津　三上與三郎とのへ
　つるか　大谷刑部少輔とのへ
　ふちか　木村常陸介とのへ
　大しやう寺　溝口伯耆守とのへ
　小松　村上周防守とのへ
㈣大崎左衛門佐罷下付、伝馬廿疋、北庄より大聖寺まで申付、慥可二送届一候也
　十二月八日　　秀吉公御朱印
　　羽柴北庄侍従とのへ

以上、この四通の秀吉文書はすべて原本ではなく写しであるが、様式・内容から見て偽文書ではなさそうである。㈠の文書は、大崎左衛門佐《おおさきさえもんのすけ》（義隆）に対して本領検地の上、三分一を宛行《あてが》うという

大崎義隆の墓　宮城県大崎市・東川寺跡

ものだが、おそらく石田三成の尽力によるものであろう。しかし、これが実現しなかったことは、その後の歴史が証明している。現地の責任者である豊臣秀次・徳川家康・浅野長吉らによって「三分一宛行」の件は無視されたのであろう。㈡〜㈣の過所《かしょ》については問題はなく、大崎左衛門佐（義隆）が秀吉の朱印状によって、無事通過したことがわかる。

なお、『大日本古文書』「家わけ浅野家文書」文禄二年三月十日の秀吉朱印状に、普州城取巻衆の中に「会津少将（蒲生氏郷）一手、大崎左衛門尉」とある。これが義隆だとすると、この頃、義隆は会津の蒲生氏郷麾下に属していたのかもしれない。その後、会津に上杉景勝が来てから、義隆はさらに景勝に預けられた。「慶長五年直江支配長井分限帳」（「上杉家文書」）には一千石以上の侍の一人として「二千七百石　大崎左衛門」の名が見える。彼は慶長八年（一六〇三）八月十三日に会津で没したという。年五十六（伊東きよめ氏蔵「大崎・最上・黒川及支流家譜」、斎藤報恩会蔵「大崎家譜」等）。法名は融峯広祝という（「伊達族譜」）。

義隆の子に某（三次）があり、慶長五年九月二十四日、上杉景勝に属して刈田郡白石城の戦で死去し、「以後世系不伝」（「伊達族譜」）とある。しかし「大崎・最上・黒川及支流家譜」によると、義隆には弟義易がおり、黒川家に入って黒川下総守《しもうさのかみ》となる。また、長子に義宗《よしむね》（大崎庄三郎）、その子に義元《よしもと》（大崎孫三郎）があり、仙台龍宝寺《りゅうほうじ》で卒したという。斎藤報恩会所蔵「大崎家譜」では、義隆の子に義易（正三郎）、その子に義元（源三郎）とする。「系図纂要」では、義隆の弟に義康があって黒川晴氏の養子に入ったが、「天正十七年三月死」という。義隆の子には義清《よしきよ》（庄三郎）とある。いずれにしても義隆の子孫は定かでなく、これを追求することは無意味であろう。

大崎・葛西氏旧臣の顛末

大崎・葛西の旧臣たちは、伊達・蒲生・最上・南部・上杉氏などの家中になったり、あるいは、先祖伝来の地に百姓として存続した。慶長五年（一六〇〇）十月の「伊達政宗最上陣覚書」（伊達家文書）には、高清水長門・中目弥五郎《やごろう》・湯村加賀《かが》以下、多数の大崎旧臣の名が見える。

また、「玉作」衆として「なりこ（鳴子）但馬」を筆頭とする十一名の大崎旧臣の名が見える。「なり子但馬」は、鳴子村の尿前遊佐《しとまえゆさ》家五代、但馬宣兼《のぶかね》（四代左近宣成《のぶなり》の弟）のことである。初代・遊佐勘解由宣春《かげゆのぶはる》は、もと出羽国遊佐郷の住人だが、戦国初期の大永年間、庄内の大宝寺《だいほうじ》氏に敗れて同郷を離れた。はじめ二本松の畠山氏を頼り、のち大崎氏の家中となって国境の「岩手の関」（のちに尿前の関）の警備に当たり、天文二年（一五三三）三月二日、六十九歳で死んだ（「尿前遊佐家系図」）。

元和《げんな》元年（一六一五）の大坂の陣には宣成・宣兼兄弟共に政宗の命を受け、一族の馬上十騎を率いて出陣している。私の母の実家は末沢遊佐家で、尿前遊佐家の一族である。遊佐本家代々の当主は徳川時代を通じて苗字帯刀《みょうじたいとう》御免の百姓で、肝煎《きもいり》・検断を勤めた。近世《きんせい》の大崎地方の有力な百姓（肝煎・検断等）は、ほとんどこのような大崎旧臣であるといってよい。旧葛西領の場合も同様である。これらのことを追求するのは、もはや本書の目的ではない。

こうして家兼入部以来、二百三十六年続いた斯波大崎氏の歴史は完全に終結した。

史料編

【史料1】

石塔左衛門佐義憲、相二語野心之輩并凶徒等一、寄二来府中一之間、今月廿日、廿一日、致二散々合戦一之処、依二御方無勢一、引二退伊達宮内少輔楯一畢、仍近日打立、可レ令レ発二向府中一也、早相二催庶子等一、不日馳参、可レ致二軍忠一之状如レ件

文和三年六月廿四日　源（吉良満家）（花押）

和賀常陸介殿

（「鬼柳文書」）

【史料2】

奥州凶徒為二退治一、所レ令二発向一也、早参二御方一被レ抽二戦功一者、本領不レ可レ有二相違一之状如レ件

文和三年六月二十七日　左衛門佐（義憲）（花押）

諏訪二郎三郎殿

（「眞山文書」）

【史料3】

出羽守所望事　可レ参二申京都一也

可レ被レ存二其旨一之状如レ件

文和三年閏十月四日　左衛門佐（義憲）（花押）

多田左近将監殿

（「多田文書」）

【史料4】

陸奥国宮城郡内南目村大掾沢田平次跡所㆓預置㆒也者、守㆓先例㆒、可㆑致㆓沙汰㆒之状如件

文和三年十二月廿日　左京権大夫（家兼）（花押）

石川蒲田（兼光）左近大夫殿

（「遠藤白川文書」）

【史料5】

陸奥国宮城郡内余目郷岩切・高崎・杉村・荒居等村、新宿半分、新道村、南宮庄内卜田在家田伍町玖段、在家貳宇、二迫内栗原郷内平内太郎入道在家壹宇、田壹町、并彦五郎在家壹宇、田壹町等事、任御教書旨、所被返付也、如元知行不可有相違之状如件

文和四年四月十五日　左京権大夫（家兼）（花押切抜）

留守三河（持家）松法師殿

（「留守文書」）

【史料6】

陸奥国宮城郡内余目郷岩切・高崎・荒居等、并新宿・新道・杉村、南宮庄内　田在家、二迫内栗

原郷内田在家等事、任二去十五日安堵状一、東福地刑部左衛門尉相共可レ被レ沙二汰付下地於留守松法師代一之由候也、仍執達如件

文和四年四月廿七日　　左近将監（花押）

藤　原（花押）

大掾下総守殿

（「留守文書」）

【史料7】

陸奥国凶徒退治事、属二左京権大夫（家兼）手一、可レ抽二忠節一之状如レ件

文和四年六月廿七日　花押（義詮）

金成三郎四郎殿

（「岡本文書」）

【史料8】

奉　加

陸奥国塩竈社假殿造栄事

馬　壹疋

右、奉加如レ件

文和五年二月廿五日　治部大輔（直持）源朝臣（花押）

（「塩竈神社文書」）

【史料9】

留守参河松法師丸代道即申、宮城郡内余目郷岩切、高崎、荒居并新宿、新道、椮村、南宮庄内田在家事、任二安堵状一、氏家彦十郎相共、止二八幡介押領一、可レ沙二汰付下地於道即一之状如レ件

延文元年十月廿二日　散位（斯波直持）（花押）

大掾下総守殿

（「留守文書」）

【史料10】

留守参河松法師丸申、陸奥国宮城郡内余目郷以下事、度々雖レ仰二遣之一、八幡介不レ叙二用遵行一云々、頗招二罪科一歟、所詮、氏家伊賀守相共、莅二彼所一、縦雖レ有二支申之篇一、不日打二渡下地一、可レ執二進請取状一、使節令二緩急一者、可レ有二其咎一之状如レ件

延文六季（一三六一）七月六日　左京権大夫（直持）（花押）

泉田左衛門入道殿

（「留守文書」）

【史料11】

陸奥国宮城郡内余目保并岩切、荒居南方、新道、高崎、金山号椿村村等地頭職事、云二相伝一、云二軍忠一、異二于他一者也者、早任二御下文旨一、如レ元可レ令二領掌一之状、依レ仰下知如レ件

貞治三年十一月十日　左京大夫（直持）（花押切抜）

留守参河（持家）松法師殿

（「留守文書」）

【史料12】

伊賀備前守盛光申、陸奥国好嶋西庄内好嶋田浦田打引事、訴状具書如レ此、早可二参決一之状如レ件

貞治三年四月廿八日　左京大夫（直持）（判）

好嶋新兵衛尉殿

（「飯野文書」）

【史料13】

斯波直持裁許状

陸奥国岩城郡飯野八幡宮領同郡好嶋田打引事、好嶋新兵衛尉聊依レ有レ申二之子細一、一旦雖レ被レ与二御教書一、不レ経二次第之遵行一、忽就レ致二乱入狼藉一、仰二岩城周防前司隆教一、尋二問真偽一之

処、如二請文載誓文一者、狼藉之篇無二異儀一云々、爰雖レ帯二御下文御教書一、不レ稟二遵行一、猥令二入部一者、召二置其地一、注二申京都一可レ奇二捐後訴一之旨被レ定レ法訖、此上者、於二新兵衛尉所レ給御教書一者、所二召返一之也、至二下地一者、任二相伝神領一而如レ元可レ令二領掌一之状如レ件

貞治三年十二月廿六日　左京大夫（判）

神主備前守殿

（「飯野文書」）

【史料14】

岡本掃部助入道聖縁代、小野右衛門太郎申軍忠事

右、糠部御発向之由、被二仰下一之間、郡内同心仕、去月廿五日、於二高泉御陣馳参之上一者、下二賜御判一、為二後証一、恐々言上如レ件

康安元年十月五日

承候訖　（花押）（虫クイ）

（「岡本文書」）

【史料15】

（端裏書）「著到」

伊賀備前守盛光代子息左衛門三郎光政申、右、名取御陣馳参候、府中并高清水御下向供奉仕候者
也、然則為後代亀鏡、著到之状如レ件
貞治（一三六三）二年九月晦日
（証判）
承了（花押）
（「飯野文書」）

【史料16】

小田常陸前司時綱家人等、同二心吉良兵部大輔治家一、打二入高野郡一之由、尾張式部大夫宗義注進畢、奥州重事之時分、先私確執之条、偏為レ妨二治家退治一歟、仍可レ加二同罪誅伐一之旨、所レ仰二宗義一也、爰治家打二入名取郡一之由、有二其聞一之間、両管領加二談合一、可レ致二合戦一之旨、重成二御教書一了、宗義若打二越奥方一者、不レ拘二時綱従類之悪行一、令二同道一、可レ抽二戦功一、治家治罰之後、彼輩等誅戮、有二何子細一哉、殊廻二遠慮一、可レ令二籌策一之状、如レ件
貞治六年四月五日　義詮（花押）
結城（顕朝）大膳大夫殿
（「遠藤白川文書」）

【史料17】

出羽国山邊庄内塔見参分壹事、為二勲功賞一所二預置一也、守二先例一、可レ被二領知一之状、依レ仰執達如レ件

貞治三年（一三六四）八月十日　右馬頭（斯波兼頼）（花押）

倉持兵庫助入道殿

（「倉持文書」）

【史料18】

奥州岩城郡内好嶋庄御年貢　帖絹百五十疋事、早任二政所納帳之旨一、不日可一究済　之状如レ件

貞治四年十月三日　左京大夫（直持）（花押）

当庄地頭中

（「飯野文書」）

【史料19】

陸奥国長岡郡内小野郷事

右、所二宛行一也、守二先例一、可レ致二沙汰一之状、如レ件

貞治六年八月十一日　右京大夫（吉良貞経）（花押）

和賀鬼柳常陸入道殿

（「鬼柳文書」）

【史料20】

陸奥高城保内赤沼御事、為二本領一之間、所二□付一也、如レ元知行不レ可レ有二相違一之状、依レ仰執
達如レ件、

応安五年十二月二日　左衛門佐（詮持）（花押）

相馬讃岐（胤弘）次郎殿

（「相馬文書」）

【史料21】

靭負尉所望事、所二挙申一也、早可レ存二其旨一之状、如レ件

永和（一三七六）二年　十一月廿七日（花押）（詮持）

倉持五郎殿

（「倉持文書」）

【史料22】

余目参河守殿与政宗一揆同心事

右於二向後一者、大小事、可下見継・被二見継一申上候、於二公方事一者、依二時儀一可二申談一候、次於二
所務相論以下私確執一者、一揆中申談候、可レ致二沙汰一候、若此條偽申候者
日本国中大少神祇、別者八幡大菩薩御罰可二罷蒙一候、仍一揆契状如レ件

永和三年十月十日　　兵部権少輔政宗（花押）

（「伊達家文書」）

【史料23】

大寺安芸入道々悦、竹貫参河四郎光貞相論石川郡吉村之事、道悦所レ申頗有二其謂一云々、早任二代々

□□一可レ致二領掌一之状、如レ件

明徳五年七月一日　左京大夫（詮持）（花押）

（「楓軒文書纂」九十二、「白河證古文書」）

【史料24】

（足利義満）（花押）

関東事々実者、為二御方一致二忠節一者、可レ抽レ賞之状、如レ件

応永六年十一月廿一日

藤井四郎殿（上遠野宗朝）

（「上遠野文書」）

【史料25】

就二庄司、仁木退治事一、越河処、佐々河城、被二堅踏一之条、神妙候、仍当知行不レ可レ有二相違一候、

随而本領地□□等、不レ可レ有二子細一之状、如レ件。

応永二年九月廿六日　刑部（満持）大輔（花押）

蒲田民部少輔殿

（「遠藤白川文書」）

【史料26】

石河庄八幡宮御神領事、自二住古一諸御公事不二勤申一候條、無二其隠一、任二先例之旨一、公方御代官可レ被二其子細申一候、於二当方事一者、可レ心二得此旨一候也、恐々謹言

三月十八日　満持（花押）

板橋若狭守殿

（「板橋文書」）

【史料27】

陸奥国本領当知行事、去二七月八日御教書之旨一、領掌不レ可レ有二相違一之状、依レ仰執達如レ件

応永八年九月廿四日　左京（満持）大夫（花押）

藤井孫（貞政）四郎殿

（「上遠野文書」）

三郎方状委細披見候了、兼又自二京都一御判被レ下候、目出候、仍当方安堵事承候之間、認遣レ之候、次滝近江入道安堵事承候、是又遣候也、恐々謹言

九月廿四日（応永八年）　左京大夫満持（花押）
謹上　藤井孫四郎殿

（「上遠野文書」）
（『いわき市史』第八巻）

【史料28】

奥州凶徒対治事、致㆓忠節㆒之条、尤以神妙也、向後弥可㆑抽㆓戦功㆒之状、如件
応永八年正月廿九日（満兼）（花押）
結城七郎殿

（「伊勢結城文書」）

【史料29】

修理亮所望事、所㆓挙申㆒也、可㆑被㆑存㆓知其旨㆒之状如㆑件
応永十四年卯月廿八日　左京大夫（満持）（花押）
南部二郎（光経）殿

（「南部家文書」）

【史料30】

伊達松犬丸并懸田播磨入道以下輩以前振舞、雖㆓罪科難㆑遁、以㆓寛宥之儀㆒、被㆑成㆓御教書㆒之処、

猶以違背之間、為二対治一所レ可レ有二進発一也、先来月十五日以前馳向、令レ合二力二階堂信夫常陸介、
同南倉増一丸一、可レ抽二戦功一之状、如レ件

応永廿年十月廿一日　（花押《足利持氏》）

白河三河七郎殿

（「伊勢結城文書」）

【史料31】

伊達松犬丸《持宗》并懸田播磨入道《定勝》以下輩、去廿一日引二退大仏城一之由、二階堂信夫常陸介所二注申一也、
以前雖レ被レ成二御教書一、于レ今令二遅参一云々、太不レ可レ然、所詮不レ廻二時日一、馳向、令レ合二
力畠山修理大夫一、可レ抽二忠節一之状、如レ件

応永廿年十二月廿九日　（花押《持氏》）

白河三河七郎殿

（「有造館結城文書」）

【史料32】

砂金百両、馬三匹（鴾毛・糟毛・鹿毛）、到来了、悦喜候、太刀一腰、鎧一領白糸遣候也、次持兼
官途事、左衛門佐不レ可レ有二子細一候也

応永三一年　十二月三日

左京大夫《大崎満詮》殿

（『後鑑』所収「昔御内書符案」）

【史料33】

なかをか《長岡》のうち《内》、あらや《荒谷》のむら《村》、せんほう《仙房》さいけ《在家》、志ゆり《修理》のすけ《介》御おん《恩》たるへし、そのむね《旨》を存ちすへき状、如件

応永十五年　九月十七日

持家（花押）

（「千葉文書」）

【史料34】

関東対治事、度々雖レ被二仰遣一之、未二進発一之条、有二子細一哉、不日相二催国人等一、可レ被二参陣一、於二難渋之族一者、一途可レ処二厳科一之間、可レ有レ注二進交名一、到下励二忠節一之輩上者、可レ行二恩賞一、此旨能々申合、早速可レ被レ抽二軍功一候也

同日《寛正元年十月二十一日》　御判《義政》

左衛門佐殿　大崎歟

奥州探題歟

然自訴事、連々被レ申之趣、被二聞食一畢、今度一段被レ抽二忠賞一者、重而可レ有二恩賞一候、委曲

貞親可レ申候也
　　月　日
　　　左衛門佐殿

（『続群書類従』二三下所収「御内書案」）

【史料35】

探題与富沢河内守、近日及二弓矢一云々、太不レ可レ然、不日可レ被レ廻二無為計略一、縦雖レ有二意趣一、関東進発之間者、惣別閣二諸事一、早速令二出陣一、可レ被レ致二忠節一之由、所レ被二仰下一也、仍執達如レ件

寛正六年五月十九日　尾張守（畠山政長）（花押）
石河治部少輔（光長）殿

（「角田石川文書」）

【史料36】

当家裏和融云、川内一党頻懇望云、彼是以遣二小僧殿一、彼辺畢竟託二於卿等一而已、然則風聞、次郎因レ茲置二警固於古河一、因原二其旨趣一、則白二甞不レ知也、庶幾能有二料簡一、見レ加二意見於景氏父子一、巨細附二假屋弥九郎口頭一、不具

【史料37】

態啓二達一書一候、仍而伊達息時宗丸越後江上国此度ニ定候、依レ之稙宗父子出馬之事、以二使者一承候、尤目出度候、其方可レ有二同道一之旨、聞得候、爰元大儀此事候、彼是以床敷存候条、為二使節一、中務丞指越候、精彼口上申含候、恐々謹言

（天文十一年）林鐘十六日　義直（朱印）

留守相模守殿

（「伊達正統世次考」）

（『奥羽編年史料』所収文書・米沢市立図書館蔵）

【史料38】

一、南方之戦、諸方追日晴宗得二勝利一、特田村家中相分、常葉・鹿股・御代田其他亦過半、同二心於晴宗一、且亦塩松一変、無二奉二公晴宗一、

一、長井者、北条・鮎貝・青斗之外、皆出二仕于晴宗一也、

一、泉田方自二旧冬一如二已前一、見二出仕一、因柴田辺愚老之臣去秋逆心者、皆乞二赦降一、由レ是容二認之一、

一、最上者、義守與二晴宗一同心而相議、彼辺見二安心一、

一、黒川藤八郎去年極月六日、見レ馳二入於当地一、因黒川中同二心於彼一之族、皆有下通二於当方一

之旨上、首二大松沢一請レ和、因引二付於此方一也、
一、北目興起子細有二條々一、
一、大崎之事、義直為二前々首尾一、自二去年一見レ命二諸臣一、向二于不動堂一、自在陣、
一、其地之事請望、與二柏山勢州其他同心人一共有二兵談一、今春向二寺池一励二一戦一、而於二葛西殿一見レ発二軍於新城一者、為二累年驩交之験一、特為二末永一類進退一也

（「伊達正統世次考」）

【史料39】

村岡、宮城之楯□付而従二其方一之助成太義存候、就二其義一、当方へ合力之義承候。葛西六郎方憑由被レ申候間、彼義無レ拠候。併年来御懇切ニ候条、対二其方一無二余義一候間、少々扶佐之義、可二申付一候。委曲中目兵庫助可二理申一候條、令レ略候、

恐々謹言

（弘治三年カ）正月晦日　左京大夫義直（黒印）

黒川下総守（景氏）殿

同　修理大夫（植国）殿

（「中目文書」）

【史料40】

御老父代ニ者種々御懇切雖二申承候一、当代未二申入一候、今度乍二聊尓一申定候、於二向後一者、遠境ニ候共、御入魂可レ為二本望一候、将亦刀一腰国信作令二進入一候、是者別而老子雖二秘蔵ニ候一、自今以後無二可二申合一覚悟候者、味令レ進レ之候、御秘蔵可レ為二本望一、仍当口日夜懸引ニ乗馬一向持絶候間、可レ然馬一疋給候者、大慶可レ存候、勿論当口御用等聊不レ可レ存二疎意一候、万吉重而可二申伸一候条、令二省略一候、恐々謹言

（永禄十一年カ）正月廿三日　止々斎（花押）

謹上　大崎殿

（「新編会津風土記」巻八）

【史料41】

大崎義隆書状

如御芳檄其口へ御下已来、書中ニ而も不申入候、御床布存候、内々奥へ御くたり可有かと存候処、富沢抑留之上、于今其口ニ御座候、しかるへく存候、仍清水寺高野へ□□□、御登候ニより、小国へ之一書之儀承候、則指副申候、萬余東尾張守可申理候条、抛筆致候、

恐々謹言

追而申候、奥への御下相延申候ハヽ、急度此口へ入御可被成候、まち入はかりに候、

（天正八年カ）六月十日　義隆（花押）

受覚公　御報

（「毛越寺文書」）

【史料42】

熊谷脚力一折啓之候、仍大崎表之儀、晴信申談候処、取成共忝存事候、猶以近日委曲可二申越一候之間、其口之儀、任入之外無レ他、急度之条略筆候、恐々謹言

十一月七日（天正五年カ）　道祐（晴宗）（黒印）

熊谷伊勢守殿

（宮城県気仙沼市「熊谷文書」）

【史料43】

内々、その口の様子、心もとなく候の処、来翰本望の至りに候、仍って先日元水斎、遠山（遠藤山城守）の所へ注進候に就き、そこもと相頼むの処、今度返答具に披閲、快きや、此の事に候、然れ共永々在陣、特に輝宗、相（相馬）境目へ陣家を寄せらるるの由、旁々以って定身、識察せしめ候、将亦、当口の儀、室りよの事は申すにおよばず、近郡差し震える迄の助勢に候の間、逐日、本意に属し候、毛頭床敷有るべからず候、委細尚万白の所より申し越すべく候条、菟墨を閣き候、恐々謹言

重陽（天正十年カ）（九月九日）　義隆（花押）

高森殿

（「宮沢左衛門文書」）

【史料44】

尊翰畏奉二拝見一恐悦此事候、仍自（虫喰不詳）被レ納二御馬一之由、可用之満足不レ過之候、随而御助成之儀、再三令二言上一候処、無二御手透一之由、承候、尤至極奉レ存候、雖レ然拙子奉（不詳）入候事無二其隠一候歟、縦切腹仕候共、一筋に奉レ仰外、無二別意一、然而頃日よしたか在城号二名生一地へ被レ移候、愚者と之間五、三里計取詰陣候、願者被レ抛二万障一、近日御一勢御助成所レ仰候、萬端片倉小十郎殿任二言上一候条、奉二存略一候、恐々謹言

（天正十五年）八月八日　隆継（花押）

伊達

参人々御中

（「新篇会津風土記」巻七）

【史料45】

其表総無事之儀、家康可二申曖一旨、従二殿下一被二仰下一之間、御請申、則以二使者一和与之義、可二申曖一由存候処、早速御無事之由、最可レ然儀候、殊義光之儀御骨肉之事候間、弥向後互御入魂専要候、将亦羽折一、無上茶三斤進之候、委細玄越口上相含候、恐々謹言

十月廿六日（天正十六年）　家康（花押）

伊達左京大夫殿

（「貞山公治家記録」）

【史料46】

さても〳〵氏登彼是塩味之上□候様ニ□可為用意候也、併一度大口（大崎口）へ勢遣候上者、是も覚悟之内ニ候、近日中御音兆本意候、以上、

氏不図登ニ付而此口ニ在留可然候肝要ニ候、弾正忠存分内々承不始儀ニハ遅速如何、出張当年中ニ相極候歟、此口別而用所無之候者、今明日中帰宅候上支度尤ニ候歟、但如何ニや、かしく

安芸守殿　政宗

【史料47】

起請文之事

今度以㆓神詞㆒無二可㆑有㆓奉公㆒之由、本望之至、尤如㆑此之上者、於㆓政宗㆒茂不㆑可㆑有㆓異儀㆒候、於㆓時宜㆒者可㆑安㆓御心㆒候、但其許御取遣候上者、可㆑令㆓鹽味㆒候、右之旨於㆑偽者、

梵天帝尺四大天王　堅牢地神　熊野三所権現

八幡大菩薩殊當国之鎮守鹽竈之明神　惣而日本国之大小之神祇名々可㆑蒙㆓御罰㆒者也、仍如㆑件

天正十七年　己丑二月廿三日

政宗（血判）

黒川殿

（岩手県奥州市・『大衡文書』）

【史料48】

起請文之事

如二承候一、雪齋・月舟任二籌策一一和之義落着之上、於二向後一互可レ有二入魂一之旨尤ニ、従二当方一

若於レ偽者

（神文略ス）

天正十七年己丑　林鐘十三日　義隆（血判）

伊達殿

【史料49】

雖レ未レ申二通染筆一、仍而殿下逐日就レ被レ任二権威一、国々之諸士無レ残所二上離一候、其方之事当隣所ニ付て、上洛可レ及二催促一之段、有二御内證一、自二石田治部少輔方一、至二于大寶寺一、使者被二指下一候、洞中如何様之儀、有レ之共、被レ抛二万事一、急度可レ被レ遂二上洛一儀、専一候、猶本庄越前守可二申届一候、恐々謹言

（天正十七年）八月十六日　景勝（花押）

大崎殿

（米沢市・「志賀慎太郎氏文書」）

【史料50】

態用㆓一行㆒候、仍関白殿向㆓小田原㆒、御動座候間、来月六日為㆓後詰㆒、打出候、依㆑之駒之峯番之儀、其外助懸之事任置迄候、聊不㆑可㆑及㆓御油断㆒候、事々重而、恐々謹言

三月二十六日　政宗（花押）

中島伊勢守殿

（「伊達家文書」）

【史料51】

萬々従㆓六右㆒可㆑被㆑申候、以上

急度申入候、当地宮崎之事、夜前亥刻ニ責敗、悉撫切仕候、可㆑然者之首斗以㆓注文㆒進之候、此書札より跡ニ可㆓参着㆒候、切捨不㆑知㆓其数㆒躰ニ候、明日者高清水へ馬ヲ相移、佐沼へ調義可㆑仕候、可㆓御心安㆒候、万吉追而可㆓申述㆒候、御支度候而、五六日中ニ御出馬可㆑然候歟、大崎中之郷残所佐沼迄ニ候、期㆓面談㆒不㆑能㆑詳候、恐々謹言

（天正十九年）
六月廿六日　政宗（花押）

羽柴伊達侍従

（折封ウハ書）
「

政宗

浅弾様　人々御中」

（仙台市博物館蔵）

大崎氏関連年表

年代	大崎歴代	奥羽・大崎事項	一般事項
延元1 建武3 （一三三六）	初代家兼	七月、初代家兼、若狭守護となり、兄越前守護斯波高経と共に南軍と戦う。	五月、湊川の戦い、楠木正成戦死。十一月、尊氏、幕府を京都に開く。十二月、後醍醐天皇吉野に遷る。
延元2 建武4 （一三三七）		正月、北畠顕家、義良親王を奉じて多賀国府より霊山に移る。国府、足利方に属す。八月、顕家、親王を奉じて西上す。	十二月、顕家、鎌倉を陥る。
延元3 暦応1 （一三三八）		五月、顕家、高師直と和泉の石津に戦い討ち死に。閏七月、斯波高経・家兼兄弟、新田義貞を越前藤島で戦死させる。同月二十六日、北畠顕信、鎮守府将軍となる。	八月、尊氏、征夷大将軍に補任される。
延元4 暦応2 （一三三九）		四月、斯波高経、若狭守護を兼任し、家兼はその守護代となる。この年の春、石塔義房、足利方大将として奥州に下向す。三月二十日、斯波兼頼代官氏家十郎入道道誠、相馬松鶴丸の軍忠を注進す。	八月、後醍醐天皇崩御。十月、義良親王（のちの後村上）即位。北畠親房、神皇正統記を著す。
興国1 暦応3 （一三四〇）		将軍顕信奥州に入る。伊達・葛西・南部等諸氏従う。	九月、斯波高経、越前府中を陥る。
興国3 康永1 （一三四二）		九月、南北両軍三迫の戦、南朝方敗れる。	

興国4 康永2 （一三四三）		七月、中尊寺鐘銘に「大檀那当国大将沙弥義慶」とある。義慶は石塔義房の入道名。	六月、結城親朝、足利氏に通ず。十一月、関・大宝両城陥り、北畠親房吉野に帰る。
興国6 康永4 （一三四五）		八月、臨時除目で家兼、正五位下に昇進。吉良貞家・石橋和義同じ。	
正平1 貞和2 （一三四六）		正月、吉良貞家・畠山国氏、奥州管領として多賀国府に来る。石塔義房、義基父子京都に召喚さる。	
正平2 貞和3 （一三四七）		七月、霊山城陥落。顕信逃る。	
正平3 貞和4 （一三四八）		五月九日、伊達行朝卒。五十八才。	正月五日、楠木正行、高師直と戦い、四条畷で討ち死に。
正平4 貞和5 （一三四九）		八月、幕府で直義党排除にともなう引付方の改組に、家兼、三番引付頭人となり、幕政に参加する。	九月、足利尊氏次男基氏、関東公方として鎌倉に駐在する。
正平6 観応2 （一三五一）		二月十一・十二日、観応の擾乱・岩切城合戦。畠山国氏自刃、留守氏没落。この年、家兼、引付頭人の地位を失い、若狭守護となる。九月、家兼、若狭の明通寺に軍勢甲乙人の狼藉を戒む。	

正平7 観応3 (一三五二)	(初代家兼)	三月、家兼子息治部大輔直持の若狭での軍事行動あり。本郷貞泰の軍忠状に家兼証判を与う。	二月、尊氏、直義を鎌倉に殺す。
正平8 文和2 (一三五三)		正月、宮城郡で南北両軍決戦、南朝方敗れる。五月、宇津峯城陥落、北畠顕信逃る。奥州管領吉良貞家、奥州の大半を制す。	
正平9 文和3 (一三五四)		年初、奥州管領吉良貞家死し、嫡子満家が継ぐ。五月、畠山国氏の子平石丸、白河の結城朝常に管領になるための協力を依頼する。この頃、石塔義憲(基)再び奥州に来て失権回復をはかり、相馬・飯野ら諸氏を誘う。六月、義憲、国府を急襲し、満家は伊達郡に退く。二十四日、満家は和賀郡の和賀氏らに軍勢催促状を発す。義憲も玉造郡の諏訪氏(真山氏)らに軍勢催促状を発す。七月、満家、国府を回復し、勲功の賞として和賀氏一族らに加美郡内の地を宛行う。九月、細川清氏が若狭守護となり、家兼は奥州管領に任ぜらる。閏十月四日義憲、旧南朝方の国人多田左近将監を出羽守に挙申す。十一月八日、家兼、塩竈神社に「天下安全、凶徒退治」の祈禱を要請する。十二月二十日、家兼、石川蒲田左近大夫兼光に宮城郡南目村(大椽沢田平次跡)を預け置く。	四月十七日、北畠親房死去。六十二才。
正平10 文和4 (一三五五)		四月十五日、家兼、宮城郡の留守参河松法師(持家)に、郡内余目郷内の村々及び二迫の栗原郷内の田・在家等を尊氏の命により返付する。二十七日、家兼、大掾下総守、東福地刑部左衛門尉を両使に任命して松法師代官に下地沙汰付を命ず。六月二十五日、足利義詮、岩崎郡の金成三郎四郎に対して家兼の手に属して陸奥国凶徒退治すべきを命ず。二月二十五日、直持、塩竈神社に馬一疋を奉加す。	

正平11 延文1 (一三五六)	二代直持	六月十三日、家兼死去(四十九才)。法名円承、長国寺殿。嫡子直持、跡を継ぐ。八月六日、次男兼頼、出羽国最上郡に下向して山形を居城とし、最上氏の祖となる。十月二十二日、直持、大椽下総守と氏家彦十郎に命じて八幡氏の押領を排除して宮城郡内余目郷以下留守領の下地を留守氏に渡さしむ。	
正平13 延文3 (一三五八)			四月三十日、足利尊氏死去。五十四才。十二月八日、義詮、二代将軍となる。
正平16 康安1 (一三六一)		七月六日、直持、泉田左衛門入道・氏家伊賀守に命じて重ねて宮城郡余目郷以下を留守松法師丸に打渡さしむ。九月二十五日、糠部遠征のため、北党勢高清水に集結す。伊賀盛光代光政馳参す。九月三十日、直持、岩崎郡禪福寺に同郡野田村内の公事課役を免ず。	
正平17 康安2 (一三六二)		十月二十一日、直持、相馬胤頼を東海道検断職に任ず。	
正平18 貞治2 (一三六三)		七月十一日、直持、相馬胤頼に宮城郡国分寺郷半分地頭職を宛行う。八月十五日、相馬胤頼を再度東海道検断職に任ず。九月、飯野八幡宮に軍勢以下甲乙人等の狼藉を禁ず。十月十三日、直持、飯野八幡宮に岩城郡中平窪村、矢河子村等を安堵し、御祈禱精誠を命ず。	三月二十四日、上杉憲顕、関東管領となる。
正平19 貞治3 (一三六四)		四月二十八日、直持、伊賀盛光の訴により好嶋新兵衛尉に召文を発す。七月二十六日、相馬岡田五郎を宮内丞の官途に挙申す。八月十日、右馬頭斯波兼頼、加美郡の倉持兵庫入道に出羽国山辺庄内を勲功の賞として預け置く。	

正平19 貞治3 （一三六四）	（二代直持）	十一月十日、直持、留守松法師に宮城郡余目保以下の地頭職を宛行う。十一月十二日、直持、結城参河守朝常に名取北方内本知行地を安堵し、忠節を望む。十二月二十六日、直持、飯野八幡宮領好嶋田打引の相論に関し、好嶋新兵衛尉の話をしりぞけ、神領を安堵す。十二月二十九日、直持、岩城周防前司に好嶋新兵衛尉の押妨を禁じ、社領の安堵を告ぐ。	
正平20 貞治4 （一三六五）		十月三日、直持、飯野盛光に好嶋庄帖絹一五〇疋（代四五〇貫文）の年貢を催促す。同日、当庄地頭申にも催促す。十月二十六日、飯野盛光に好嶋庄年貢を催促す。十二月九日、盛光、管領府に当庄地頭等の年貢対捍を披露す。	
正平21 貞治5 （一三六六）		三月十八日、直持、伊賀盛光に年貢対捍の地頭らを注申せしむ。四月二日、直持、盛光になお催促し、難渋する地頭らの交名を京都に注申すべきを告ぐ。五月十二日、直持、好嶋庄地頭らに、来月使節上洛につき、以前に年貢帖絹を使節に勘渡すべきを命ず。十二月二十三日、直持、結城弾正少弼顕朝に高野郡を安堵す（翌年二月十九日、将軍義詮、正式にこれを安堵す）。この年石橋棟義、将軍義詮より陸奥国大将に任命され、のち陸奥守となる。	
正平22 貞治6 （一三六七）		一月二十五日、直持、相馬胤頼に勲功の賞として名取郡南方坪沼郷・堀内郷内を宛行う。四月五日、吉良兵部大輔治家、高野郡ついで名取郡に侵入す。よって将軍義詮、結城顕朝に対し、両管領（斯波直持、吉良貞経）と談合して合戦すべきを命ず。八月十一日、吉良貞経、長岡郡内小野郷を和賀鬼柳常陸入道に宛行う。九月三日、直持、石河駿河守に富部外記と共に岩城郡河中子を岩崎宮内少輔に沙汰付けすべきを命ず。年未詳一月二十五日、直持、留守余目松法師に至急参上すべきを命ず。年未詳十二月二十九日、直持、飯野八幡宮神主に歳末巻数一枝の到来を謝す。	四月二十六日、関東公方足利基氏死去。二十八才。氏満継ぐ。七月十三日、斯波高経、越前で病没。六十三才。十二月七日、将軍義詮死去。三十八才。

正平23 応安1 (一三六八)			十二月三十日、足利義満三代将軍となる。
建徳2 応安4 (一三七一)		天冬、小牛田牛飼大板碑、直持の逆修卒塔婆か。	二月十九日、今川貞世、鎮西探題となり、九州に赴く。
文中1 応安5 (一三七二)	三代詮持	この年、直持嫡男詮持奥州管領となる。十二月二日、詮持、相馬讃岐二郎胤弘に高城保内赤沼郷を元の如く安堵す。十二月十一日、沙弥清光(葛西氏)、留守新左衛門尉と共に下地を胤弘代官に渡す。十二月七日、詮持、赤坂賀尾に石川庄内蒲田村を安堵す。この年詮持、居所を長岡郡小野に移す。	
文中2 応安6 (一三七三)		九月十八日、詮持、相馬胤弘に竹城保内畑谷村・長田郷の安堵を施行す。この年、吉良右京大夫貞経と畠山修理大夫国詮との戦あり。詮持、吉良方に味方し、畠山方敗れて本領二本松に退く。なお、この戦に留守十一代家明、畠山方に味方し、斯波氏執事氏家氏と戦って敗れ、家明は隣人の国分氏に所領を奪われる。	
天授1 応安8 (一三七五)		四月一日、詮持、葛西周防三郎に下伊沢内志牛・那須河両郷を恩賞として宛行う。	
天授2 永和2 (一三七六)		十二月二十七日、詮持、加美郡穀積郷の倉持五郎を靱負尉の官途に挙申す。十二月三日、石橋棟義、三迫内細川村を兵糧料所として鬼柳伊賀守に預け置く。	一月二十四日、吉良治家、世田ヶ谷を鶴岡八幡宮に寄進す。

天授3 永和3 (一三七七)	(三代詮持)	十二月二十四日、幕府、斯波修理権大夫兼頼に、円覚寺領出羽国北寒河江庄内の五ヶ郷諸役免除の官宣旨を告ぐ。	
天授5 康暦1 (一三七九)			閏四月二十八日、斯波義将管領となる(明徳二年三月十二日辞職)。
天授6 康暦2 (一三八〇)			五月十六日、小山義政の乱起こる。
弘和1 永徳1 (一三八一)			十一月十六日、関東公方氏満、小山義政を討つ。翌年四月十三日、義政自刃。
弘和3 永徳3 (一三八三)		八月十五日、詮持、岡本太郎を淡路守の官途に挙申す。	
元中1 至徳1 (一三八四)		六月十五日、畠山修理大夫国詮、石川庄八幡宮神領を寄進状等により安堵す。	
元中3 至徳3 (一三八六)		詮持、一宮に参詣、工藤氏、真福寺で拝謁す(「宮野工藤家系図」、『築館町史』二四七頁)。十二月二日、石橋氏の預ケ状、この後石橋父子の発給文書見えず。	七月十二日、鎌倉の兵至るを聞き、小山義政子若犬丸逃亡す。

元中5 嘉慶2 （一三八八）		十一月十四日、詮持、留守参河次郎家持に亡父参河守持家の跡を施行す。	
元中8 明徳2 （一三九一）		三月六日、詮持、命を奉じて和賀伊賀入道に江刺郡内会佐利郷を勲功の賞として宛行う。六月二十七日、詮持、畠山修理大夫国詮の分部加美郡、さらに国詮恩賞の地黒川郡を抑留し、幕府より咎められる。将軍義満、伊達大膳大夫政宗と葛西陸奥守満良に命じ両郡を国詮代に沙汰付けせしむ。この年、有賀八幡宮の清原氏、詮持の命により修験になる。十二月三十日、陸奥守山名氏清、誅せられ、奥羽両国は関東公方氏満の沙汰となる。	三月十二日、管領斯波義将辞職し、四月八日、細川頼元が管領となる。
元中9 明徳3 （一三九二）		一月十一日、氏満、白川参河七郎満朝に両国知行の旨を告げ、鎌倉に参上を命ず。この後両国の大名、鎌倉に出仕し、詮持は鎌倉近くの瀬ヶ崎に住居して瀬ヶ崎殿とよばれる。	閏一月五日、南北朝講和成り、南朝後亀山天皇、神器を北朝後小松天皇に譲って退位、南北朝統一年号を明徳にする。
明徳4 （一三九三）		春、甲州在住の南部一族、糠部に移り、八戸根城を根拠とする。	六月五日、管領細川頼元を罷め、斯波義将が管領となる。
応永1 （一三九四）		六月、鶴岡八幡宮修理段銭反別二十文、関東八箇国に課せらるも、不足につき、奥羽にも課せられる。七月一日、詮持、大寺安芸入道道悦と竹貫参河四郎光長の石川郡吉村相論につき、訴人の道悦の申立を裁許す。	十二月十七日、義満、将軍職を辞し、子義持が四代将軍となるも、義満が依然として幕府の実権を握る。

応永2（一三九五）	（三代詮持）	九月二十六日、詮持の嫡子刑部大輔満持、田村庄司清包・仁木某退治の事につき、蒲田民部少輔の越河、篠川城を堅守するを賞し、当知行地等を安堵す。九月三十日、満持、伊賀孫三郎を式部大輔の官途に挙申す。十月七日、満持、田村退治の事により伊賀式部大輔光隆の合戦忠功を賞す。	四月十九日、渋川満頼、九州探題となり博多に赴く。
応永3（一三九六）		この年の春、小山若犬丸奥州に逃げ下り、宮方の与党（田村等）をかたらい、叛す。二月二十八日、公方氏満進発、六月一日、結城館に入る。賊徒退散す。七月一日、氏満、鎌倉に還る（翌年正月十五日、若犬丸、会津で自殺す）。七月二十三日、幕府、上杉中務少輔入道に玉造郡内泉目郷を安堵す。	
応永4（一三九七）		五月二十二日、関東公方氏満、詮持に対して小野保名主国井若狭守・田原谷弾正忠らの叛乱退治を命ず。七月八日、氏満、結城参河七郎満朝に料所田村庄三分一を当年一作預け置く。九月八日、氏満、満朝の田村庄入部を祝す。	
応永5（一三九八）		閏四月二十五日、氏満、満朝に田村庄年貢馬一疋到来するを賞す。十二月二十五日、関東公方満兼、石河庄内大寺安芸入道（光義）跡を鶴岡八幡宮に寄進す。同日、左京大夫入道詮持に対してその下地を同宮雑掌に沙汰付けすべきを命ず。この年幕府、三管領四職七頭の家を定む。この頃詮持、あらたに九州探題と並ぶ奥州探題職を望むか。この後間もなく牛袋聖（志田郡三本木牛袋山慈眼寺僧）上洛して詮持の奥州探題職補任状を得る。	十一月四日、氏満（永安寺殿）四十二才で死し、子満兼継ぐ（二十一才）。
応永6（一三九九）		春、関東公方満兼、奥羽両国の固めとして弟満貞・満直を下向せしむ。満貞は稲村に、満直は篠川に居る。七月二十八日、関東公方満兼、両国巡行に立ち、白川・稲村に逗留し、十一月鎌倉に還る。九月二十八日、満貞、その料所石川庄内沢井郷、依上保内高野北郷内を結城満朝に沙汰せしむ。	十月二十七日、義満、大内義弘を伐たんとして五壇法を修す。

		十二月九日、満貞、石川庄内蒲田村内の地を石川長門守光重に宛行う。同日、管領上杉憲英、その下地沙汰付けを石河盛光・伊東祐光に命ず。	二十八日、義弘、満兼の御教書を奉じて幕府を伐たんとす。十一月二十一日、義満、菊多庄の藤井四郎貞政に忠節を促す。十二月二十一日、堺城陥落し、義弘死す（応永の乱）。
応永7（一四〇〇）	四代満持	この年のはじめ、斯波詮持、伊達政宗らと結び、幕府の後援を期待して鎌倉府を伐たんとす。その陰謀露顕して、政宗は国元に逃亡し、詮持は瀬ヶ崎より逃げたが、遠路のため途中田村郡大越で自刃す。法名法英。孫定詮（満詮）、東福地対馬守らに守られて小野に帰る。詮持嫡子満持跡を継ぐ。定詮、伊達郡老田城に来て、伊達・懸田氏らと共に鎌倉勢の来襲に備う。三月八日、稲村御所満貞、結城七郎満朝に対し、伊達円孝・芦名満盛らの退治を命ず。四月七日、満貞、和賀下総入道に和賀郡惣領職と惣領分所々を安堵し、戦功を抽んでるべきを命ず。七月四日、奥州の軍兵、関東に背くの風聞あり。七月十三日、満貞、和賀下総入道に再び凶徒（伊達・芦名等）退治を命ず。八月、鎌倉方大将新田岩松満純、伊達郡西根長倉の戦いで大敗す。九月二十八日、満貞、結城満朝に当知行地を安堵す。十月十一日、懸田大蔵大輔宗顕と藤井貞政、一揆契約を結ぶ。両者共に京都様御扶持衆として義満の援助を受ける。	この頃より倭寇、朝鮮、明の沿岸を侵す。
応永8（一四〇一）		三月十八日、満持、板橋若狭守に石河庄八幡宮神領の諸公事免除を公方代官に知らせるよう命ず。七月八日、義満、藤井孫四郎貞政の本知行地を安堵す。九月二十四日、左京大夫満持、命を受けてこれを施行す。この日、満持、貞政の本領安堵を祝し、さらに貞政配下の滝近江入道の所領安堵を施行す。	

応永9（一四〇二）	（四代満持）	二月十九日、関東公方満兼、白河の結城参河七郎満朝の忠節を賞す。三月二十日、稲村御所満貞、満朝に岩崎郡内島村・林原村等を宛行う。四月十四日、満貞、満朝に対し凶徒（伊達政宗）退治のため、鎌倉より上杉氏憲の発向することを伝え、忠節を促す。五月三日、満兼、鶴岡八幡宮に奥州凶徒退治のための祈禱を命ず。五月二十一日、氏憲、鎌倉を発す。この後、伊達・芦名・大崎・懸田・藤井ら反鎌倉派と鎌倉派の戦いが奥州各地で展開さる。伊達郡赤館の戦いで反鎌倉派は大勝を得、鎌倉方大将勅使河原兼貞（十三才）を捕虜とす。菊田庄の戦では反鎌倉方の藤井貞政が鎌倉方の上遠野兵庫助と戦って死し、中奥では登米郡いたち沢の戦で大崎氏・登米氏は鎌倉派の葛西・桃生・深谷・奥六郡の諸氏と戦って勝利を得たものの、大崎代官中目太郎三郎は討ち死にした。九月六日、政宗勢敗れ、政宗降参、会津に逃る。十一月、政宗、伊達郡に復帰し、国分河内入道に刈田郡平沢郷北方を沙汰すべきを命ず。	
応永11（一四〇四）		七月、仙道諸氏傘連判。八月六日、源定詮、父満持に代わって藤井犬熊丸（貞政子）の本領安堵を施行す。	
応永12（一四〇五）		九月十四日、伊達政宗死去（六十三才）。法名儀山円孝、東光寺と号す。	十月八日、上杉憲定関東管領となる。
応永14（一四〇七）		四月二十八日、左京大夫満持、南部次郎光経を修理亮に挙申す。	
応永15（一四〇八）		九月十六日、高清水城主斯波持家、長岡郡荒谷村のせんぼう在家を荒野修理亮に宛行う。	五月六日、足利義満死去（五十一才）。
応永16（一四〇九）			七月廿二日、関東公方満兼死去（三十二才）。九月、足利持氏、これに代わる。

応永20（一四一三）	五代満詮	この頃満持死去し、嫡子定詮（満詮）、跡を継ぐ。四月、伊達松犬丸、懸田播磨守定勝入道玄昌と結び、大佛城を占拠して叛す。鎌倉府の公方持氏、畠山修理大夫国詮を大将として派遣し、白川氏以下近隣諸氏に軍勢を催促す。然れども追討進展せず、十二月に至り、城方、兵糧難のため自主的に退去し、落着す。この戦いに満詮も伊達氏に味方して参戦す。	
応永23（一四一六）		十月、上杉禅秀の乱起こる。関東衆の他、奥州では篠川御所（満直）の指令で、芦名・白川・石川・南部・葛西・海東四郡これに同心す。幕府、関東公方の持氏を支援し、満詮もこれに応じて百々氏初代高詮（詮特五男）が名代として鎌倉に上る。	
応永29（一四二二）		十月十九日、熊野参詣諸檀那内斯波殿御一家奥州大崎并被官人先達職上分等をすべて醍醐寺住心院の知行とする（大崎氏の初見）。	
応永30（一四二三）		九月二十四日、前将軍義持、大崎左京大夫満詮に、篠川（満直）に合力して関東公方持氏を討つことを命ず。満直、幕府と結んで持氏に代わらんとす。	三月十八日、足利義持、将軍職を辞し、義量が五代将軍となる。
応永31（一四二四）		十一月十一日、稲村御所満貞、篠川御所満直との角逐に敗れて鎌倉に帰り、持氏と行動を共にする。十二月三日、左京大夫満詮、将軍義量に砂金百両・馬三匹を献上し、太刀一腰・鎧一領を賜る。次に嫡子持兼の官途、左衛門佐を許さる。	二月五日、幕府、持氏と和す。
応永32（一四二五）			二月十七日、将軍義量死去。十九才。十一月、持氏、幕府に使を遣し、義持の猶子たらんことを乞う。

応永35（正長1）（一四二八）	六代持兼	この頃満詮死去し、持兼跡を継ぐ。六月二十七日、持兼、千葉弥十郎を兵部丞の官途に挙申す。幕府、この頃関東公方持氏叛すとの報を得、その討伐を議す。十月二日、篠川（満直）・伊達・芦名・白川・懸田・河俣・塩松以上七人に御内書を下さる。ついで十月二十五日、伊達・芦名・白川・石橋・懸田・岩城・岩崎・標葉・楢葉・相馬等十二氏に御教書を下さる。	一月十八日、前軍足利義持死去。四十三才。十九日、幕府義持の弟僧義圓を迎え、還俗して義宣と称す。
正長2（永享1）（一四二九）		二月二十一日、篠川他伊達・芦名・白川・海道五郡の者共の請文幕府に到来す。四月二十六日、将軍家より石橋・伊達・白川・芦名の四氏に将軍義持遺物として太刀一腰下さる。六月三日、篠川并国人伊達・芦名以下十三人へ御内書遣わす（関東公方持氏に京攻めの野心ありとの篠川の注進状による）。九月二日、奥の国人十余人の請文、幕府に到来す。九月十一日、伊達持宗の計略によって宇多庄合戦が終結し、将軍これを賞す。十一月九日、幕府、篠川と連絡して持氏討伐の事を議す。	三月十五日、足利義宣、六代将軍となり、名を義教と改む。
永享2（一四三〇）		九月六日、幕府、奥州の事は毎事篠川殿に任せ、その注進によって成敗することとする。十二月八日、仙北の小野寺遠江守、馬五匹を将軍に献ず。	
永享3（一四三一）		十二月十三日、伊達持宗、馬二定・砂金十両を幕府に献上す。	
永享4（一四三二）		六月十八日、遠田郡箟峰寺内陣の鰐口銘に、「施主源蜂谷筑前守沙弥光善」とあり。十月二十一日、津軽の下国安東氏、三戸の南部義政と戦い、敗れて蝦夷地に渡る。	二月二十七日、関東管領上杉憲実、幕府に和を乞う。
永享6（一四三四）		九月十一日、石橋治部大輔（塩松）、将軍に太刀・馬を献ず。十月二十八日、篠川殿（満直）、将軍に太刀・馬を献ず。	

永享7（一四三五）		一月、持氏、奥州諸氏に満直討伐を命ず。五月七日、石川持光、満直と宇多庄に戦う。	九月二十二日、幕府、信濃小笠原政康をして佐竹義憲を援け、持氏に抗せしむ。
永享8（一四三六）		五月、和賀氏、煤孫氏と争う。南部義政、仲裁して鎮する。十一月、煤孫氏再乱、翌年諸軍出動、奥州探題大崎持兼出動。五月二十八日、和議成立。諸軍帰還する。	
永享10（一四三八）		八月八日、関東公方持氏、管領上杉憲実の諫言をいれず。幕府は伊達・白川・芦名・二階堂・石川・田村等南奥の諸氏に対して満直の手に属して憲実に合力すべきを命ず。	十一月一日、三浦時高、持氏を鎌倉に攻撃。五日持氏、武蔵称名寺に出家す。
永享11（一四三九）		九月六日、大崎持兼、葛西持信と佐沼に戦う（熊谷系図）。	二月十日、持氏・叔父満貞敗れて鎌倉永安寺に自殺す（永享の乱）。
永享12（一四四〇）		二月十九日、源某、（名不詳）薄衣甲斐守に三迫内小嶋郷等を宛行う。三月の結城合戦に伊達・信夫・あい河・黒川・塩竈党等の奥州勢参加す。六月二十四日、篠川御所満直、南奥の諸氏に攻められ、自殺。鎌倉府の両国支配終わる。	正月、持氏の遺児春王丸・安王丸、下総結城氏朝を頼る。三月、氏朝挙兵（結城合戦）。
永享・嘉吉年代（一四三〇～一四四四）		留守氏十一代家明、隣人の国分氏に対抗するため大崎探題の援助を期待して、持兼弟の直兼を居城の高森城に迎える。直兼、家明の期待に反す。探題持兼、直兼を召し返して志田郡青塚郷に蟄居させる。留守十二代四郎詮家、持兼の判で家督相続す。この後、留守領内に大規模な内訌起こる。	嘉吉元年（一四四一）四月十六日、結城城陥る。五月十六日、春王丸・安王丸斬らる。

（永享・嘉吉年代）〈（一四三〇～一四四四）〉	（六代持兼）	一族の村岡氏の家督相続争いに留守詮家、探題の持兼がそれぞれ干渉し、探題派の宮内少輔が勝利し、詮家は持兼に切腹を命ぜられる。詮家切腹の後、留守家に詮家兄弟の間で家督相続争い起こる。この争いに村岡氏惣領は留守飛驒守を推して大崎氏を頼み、一族の村岡長門守は留守美作守持家を推して伊達氏を頼んだ。この後、両派の間に三年にわたる内戦あり、伊達派が勝って美作守持家が留守十三代を継ぐ。この後、留守氏は深題から離れて伊達氏に従う。	六月二十四日、赤松満祐、将軍義教を殺す（嘉吉の変）。二十六日、義教の子義勝継ぐ。九月十日、山名持豊、満祐を敗死させる。
文安2（一四四五）		四月十二日、最上満直の子氏直、黒川郡を賜り、同郡三関鶴館に居て、黒川氏となる。文明三年六月十八日死去。六十八才。母は二本松畠山満泰女。	
文安6 宝徳1（一四四九）	七代教兼	この頃持兼死去し、嫡子教兼跡を継ぎ、奥州探題となる。小野御所の須（洲）賀に住み、洲賀殿と称される。	一月、持氏の末子永寿王関東の主となる。四月七日、足利義教二男義成（のちの義政）八代将軍となる。九月九日、永寿王鎌倉に入り、上杉憲実去る。十一月三十日、永寿王元服して成氏と称す。
宝徳2（一四五〇）		四月十一日、奥州白川金勝寺有良・出羽の三宝院門跡領年貢に関し、醍醐寺禅那院に事情報告、大宝寺、大崎殿（教兼）にも協力依頼するよう言上す。	十月、幕府、成氏をして氏杉憲忠・長尾景仲らと和せしむ。
宝徳4（一四五二）		幕府、造内裏段銭の徴収を探題教兼に命ずるとともに、石川一族中に究済を命ず。	

康正1（一四五五）			正月、幕府、上杉房顕を授けて足利成氏を討つ。四月八日、今川範忠、成氏を討つため京都を発す。
康正3（長禄1）（一四五七）		四月二十一日、左衛門佐教兼、奥州国人二十名の官途を挙申す。六月十一日、教兼、八戸河内守に内裏段銭の事、並びに幕府使節太田大炊助の下向を告げ、段銭の究済を命ず。	四月八日、太田資長（道灌）江戸城を築く。十二月十九日、将軍義政、弟政知を伊豆堀越に置き、関東を鎮せしむ。
長禄3（一四五九）		十月晦日、熊野実報院光勝房、奥州渋谷中目一族の旦那をすべて売り渡す。	十月十四日、上杉房顕、成氏の兵と武蔵太田庄に戦う。
長禄4（寛正1）（一四六〇）		四月二十一日、幕府、足利成氏征伐を塩松・石橋・二本松畠山・石川・結城白川・会津芦名・伊達持宗等に命ず。八月九日、幕府の細川勝元、白川修理大夫に足利成氏征伐を催促し、大崎教兼と談合すべきを命ず。十月二十一日、将軍義政、教兼に成氏征伐を催促し、難渋の国人たちの交名注進を命ず。将軍義政、葛西亀若并一族中に左衛門佐教兼の手に属して成氏征伐を催促す。このほか、黒川左馬頭・出羽探題山方左京大夫、伯父修理大夫（天童）にも催促す。	六月、幕府、伊勢貞親を政所執事に任ず。
寛正2（一四六一）		十月、将軍義政、義教子政知を伊豆の堀越に下す。ついで奥羽両国の軍勢に布告して忠節を促す。	
寛正3（一四六二）		九月十八日、伊達兵部少輔成宗上洛して幕府に三万疋を献ず。将軍より鎧一領、太刀二振、盆一枚、段子五端、扇子百本下さる。蔭凉軒日録に、「曾祖父三代有入洛朝参之礼、始又入洛入貢、尤希有之事也」とある。	

寛正年中	（七代教兼）	桃生深谷保主長江某、伊達持宗に属す。かつて桃生北方・登米と三郡一揆せしも、連年葛西・大崎に攻められ、ついに伊達に頼る。上使太田大炊助下向の折、媒酌して教兼女を伊達成宗に嫁せしむ。のち尚宗を生む。	寛正四年九月二十八日、京都に徳政一揆蜂起す。
寛正6（一四六五）		四月一日、将軍義政、大宝寺并被官土佐林に太刀を賜う。四月四日、大宝寺上洛して馬二疋を献ず。四月十三日、将軍用の馬につき、僧禅久を奥州に下し、氏家安芸守・大崎殿・ほか南部伊予守・白川修理大夫・大宝寺出羽守等に御内書あり。八月二十四日、南部右馬助より馬進上あり。五月十二日、奥州探題内氏家伊予守宗政、漆十盃、幕府に進上。五月十九日、奥州探題教兼と三迫の富沢と近日合戦。将軍義政、石川治部大輔光長に命じてこれを停止せしめ、成氏退治を催促す。	
文正1（一四六六）		六月三日、将軍義政、成氏退治を関東諸氏の他、奥羽の伊達・田村・二階堂・芦名等に命ず。九月二十日、熊野那智実報院良済、奥州大崎御所の相伝旦那を売り渡す。	
応仁1（一四六七）		この頃、中奥諸氏の紛乱拡大する（薄衣状）。	一月十八日、畠山政長、義就と京都上御霊に戦う。応仁の乱はじまる。七月二十五日、東軍（細川勝元党）・西軍（山名持豊党）激戦す。この年、京都の禅僧多く乱を避けて地方に赴く。
文明1（一四六九）		十二月十三日、薄衣美濃入道経蓮、大崎氏奉行所に中奥の紛乱を伝え、探題の出陣と伊達成宗の援助を求む（薄衣状）。	

文明3（一四七一）		十二月三日、将軍義政、関東合戦により塩松・二本松・伊達・田村・二階堂等に軍勢を催促す。	
文明4（一四七二）		四月、葛西朝信兵と大崎教兼兵、西磐井油田にて合戦。この年、伊達成宗の調停で大崎氏知行の小田保を葛西満重（浄蓮）に渡し、替地として遠田郡を獲得（境紛争の解決）。	
文明5（一四七三）		八月六日、幕府、石川一族に伊達成宗と談合して、北国征伐の軍勢を催促す。九月十六日、長世保松山領主遠藤綱宗願文を捧ぐ。	三月十八日、山名持豊死去。七十才。五月十一日、細川勝元死去。四十四才。十二月十九日、将軍義政辞職し、子義尚九代将軍となる。
文明8（一四七六）		五月、黒川顕氏、国分修理介盛行の籌策により、大崎氏と和睦し、七月将軍義尚に謁す。七月二十三日、聖護院門跡の命により斯波大崎一家・被官地下人らの熊野参詣先達職を六角上野律師の知行とす。同時に大崎氏知行分の一迫道者も同律師に付け渡す（京都住心院文書）。	
文明9（一四七七）		五月六日、奥州探題大崎教兼、子息五人の官途を幕府に申請する。この後、数年にして死す。菩提寺は龍谷寺、よって龍谷寺殿という。嫡男固岳（八代政兼）・次男百々・三男一迫・四男高泉・長女梁川（伊達家）・二女黒川・三女内ヶ崎・五男中新田・六男古川・七男師山・四女輪光寺・八男中里五郎・九男平柳七郎。	十一月、大内政弘、畠山義統等各々帰国し、応仁の乱以来の京都の兵乱ほぼ鎮まる。管領は畠山政長。
文明13（一四八一）	八代政兼	嫡男政兼継ぐ。六月二十四日、奥州探題一族被官人等在々所々熊野参詣先達職の事、譜代の由緒・買得等により京都住心院が当知行のところ、上野僧都弟子らが競願す。	五月、義政、朝鮮に勘合船を遣わし大蔵経を求む。朝鮮これに応ず。

文明14（一四八二）	（八代政兼）		十一月二十七日、義政、成氏と和す。
文明15（一四八三）		十月、伊達成宗上洛して将軍家及び幕府要路に莫大な金・馬等を献ず。	
文明18（一四八六）		十一月十二日、芦名・白川、将軍に太刀・馬を献ず。	七月二十六日、上杉定正、太田道灌を殺す。八月二十四日、京都に徳政一揆蜂起し、東寺金堂以下を焼く。
長享1（一四八七）	九代義兼	この頃、政兼死去し、この後、大崎氏に家督相続の争い起こる。教兼五男、中新田城主義兼、義兄伊達成宗後援のもと跡を継ぐ。これに対し、大崎領内に大規模な内乱起こる。	この年伊達成宗、家を尚宗（母は大崎教兼女）に譲る。七月、将軍義尚、名を義熙と改む。翌年三月、近江鈎の陣で死す。
長享2（一四八八）		一月下旬、義兼、梁川城に出奔して義兄伊達成宗の援を乞う。成宗、宿老金沢氏に命じて義兼を大崎に送り届けしむ。この後、義兼、上洛して将軍義尚に謁し、義の一字と包平の太刀を拝領したという。	
長享3 延徳2（一四九〇）			七月五日、将軍義稙継ぐ。閏八月十四日、京都に土一揆蜂起し、ついで大和にも蜂起す。

延徳3（一四九一）			四月三日、足利政知死す。長子茶々丸継ぐ。この年、伊勢長氏（早雲）伊豆を攻略し、北条に居る。
明応3（一四九四）			十二月二十七日、足利義澄、将軍となる。（永正八年八月十四日まで）
明応4（一四九五）			二月十六日、伊勢長氏、相模小田原城を奪う。
明応6（一四九七）			九月三十日、古河公方足利成氏死す。六十四才。子政氏継ぐ。
年未詳		一迫狩野式部少輔兼親、義兼に仕え、嶋体及び刈敷を行わる（刈敷系図）。	
文亀3（一五〇三）		八月、宮野駿河直定、金田庄成田村に熊野社を勧請する。	
永正1（一五〇四）		築館の宮野氏、大崎名代として上洛、将軍義澄に謁見す。	十一月、京都に土一揆蜂起す。幕府徳政を行う。
永正2（一五〇五）		六月二十五日、大宝寺氏、幕府に太刀・馬等を献ず。八月、義兼、志田郡松山に出陣。加美郡一関村の磯良明神の神刀を守護として身に添え、以後、代々同社を厚く保護す。	
永正3（一五〇六）		三月、葛西氏、深谷長江氏と戦う。秋、玉造郡一栗領主一栗左京の次男紀次郎、多田川を領したとき、母の生家下野国黒羽の三輪足明神をここに勧請する。	

永正8（一五一一）	十代高兼	この年、義兼死亡するか。嫡子高兼跡を継ぐ。金田庄成田村熊野神社の華表を建立する。高兼一年で早世。弟義直跡を継ぐ。八月、葛西宗清・重清（晴重）父子、山内首藤貞通を攻める。	
永正11（一五一四）	十一代義直	留守家執事佐藤氏の記した留守家旧記、留守尚家に献上される。	
大永3（一五二三）		春、伊達稙宗、陸奥守護職に任ぜらる。三月二十一日、岩城修理大夫、将軍義晴に太刀・馬・黄金を献ず。七月十八日、葛西稙信、大崎氏と佐沼に戦う。	大永元年十二月二十五日、足利義晴将軍となる。
大永7（一五二七）		小野城主夫人の願により、伊沢八幡宮を小野城に勧請す。のち、天文六年遠田郡大嶺村に移す。	
享禄1（一五二八）		九月三十日、葛西晴重死す。伊達稙宗、芦名盛舜とともにりんこうの館を陥る。	
享禄4（一五三一）		八月九日、大崎と葛西、佐沼の新田に戦う。	十月二十七日、一向一揆越前朝倉教景を破る。
天文2（一五三三）		この年、伊達稙宗次男小僧丸、高兼の女と婚し、義直の家督となる。十月七日、稙宗、黒川郡の福田若狭広重、同右近某宛書状に、「伊達・大崎両家の和融」と「川内一党類懇望」によって小僧丸を派遣したことを述べ、よろしく頼むとともに主君黒川景氏父子にもよろしくと依頼す。なお、当時稙宗嫡男晴宗が小僧丸の警護を古川に置かんとする風聞あり。	
天文3（一五三四）		この年、大崎内乱起こる。五月、奥州探題侍所司別当新田安芸守頼遠、義直・小僧丸に叛して在所の加美郡泉沢にこもる。六月中旬、義直出陣す。頼遠に「輿力同意」した加美郡諸氏の在所を破却し、泉沢本陣に迫る。このとき、大崎執事の氏家氏をはじめ、一門の古川、高泉、一迫等の諸氏馳参し、家督の小僧丸の糾弾排斥で同心し、頼遠に味方す。二迫の上形、三迫の富沢氏も義直	この年、近江の浅井亮政、江北を領して京極氏に代わる。

		に応ぜず。義直敗退す。義直、急きょ伊達郡西山の稙宗のもとに赴き、助けを求む。植宗、応ぜず。留守中、一門の百々弾正少弼直孝警護す。	
天文4（一五三五）		義直帰国後、再び頼遠征伐に出陣す。氏家党三百余騎ほか二千余人頼遠に味方し、また敗れる。この後、氏家党に内訌あり、岩手沢城の争奪戦行わる。一方、反小僧丸派の巨頭である一門の古川氏でも家老の米谷兵部少輔熙正が主君の持熙に対して「御家督御一味可然由」を諫言したが、容れられず。	八月、今川氏輝、武田信虎を破る。北条氏綱、上杉朝興を河越に攻む。十二月、織田信秀、三河の松平信定を攻む。
天文5（一五三六）		正月下旬、米谷熙正、持熙の攻撃をうけ、沢田要害に退去す。二月、反小僧丸派の氏家安芸守（氏名不詳）岩手沢城を夜襲してこれを乗取る。続いて高泉直堅も高泉要害に拠り、小僧丸派諸氏の在所を攻撃す。二月、義直再び西山城に赴き、稙宗に合力を求む。留守中、大崎領の混乱甚だし。四月十一日、米谷熙正、古川持熙によって成敗される。続いて氏家党が渋谷党のこもっていた飯川要害を攻撃し、これを陥れる。続いて高泉直堅も義直派を攻撃す。五月、稙宗、出馬を決意し、上旬、義直と共に西山城を出発す。一門諸家、三千余騎。六月初、志田郡師山に到着。七日、反乱軍の巨頭古川氏の古川城を検分、九日、張陣。義直勢は家臣二千余騎が背いたので、わずかに五百余騎であった。六月十九日卯の刻、戦闘開始、二十一日、古川城陥落。城主古川持熙以下、一家一族自刃す。二十三日、高泉直堅は自ら城を焼いて佐沼要害に退去す。七月十一日、稙宗、義直と共に古川を発して岩手沢に向かう。玉造郡圓山に陣す。二十余郷に火を放つ。十六日以降、連日岩手沢城を攻撃す。城、堅固にして落ちず、九月十一日、和睦成立。謀叛の首謀者新田頼遠は出羽に逃亡。稙宗・義直入城し、従来通り氏家又十郎直継が城主となった。十月十三日義直、名生城に還り、のち稙宗も西山に帰る。	四月十四日、伊達稙宗家法（塵芥集）を定む。八月八日、越後の長尾為景、家督を子晴景に譲る。十九日、将軍義晴、本願寺光教と和睦す。

天文6（一五三七）	（十一代 義直）	岩手沢城主氏家三河守直継、再び小僧丸に対し反乱を起こす。七月二十一日、伊達稙宗、長世保松山の遠藤国松、広田伊賀に対して来る二十七日出馬、来月五日岩手山へ着陣を伝え、至急出陣すべきを命ず。八月十二日、伊達晴宗、葛西氏重臣都沢美作らに対して晴宗の岩手山出陣を伝え、至急葛西氏の合力出陣を促す。九月二十八日、伊達稙宗、尾張の織田大和守に「奥郡錯乱」（大崎再乱）の平定を伝える。十二月十八日、晴宗、黒川景氏に大崎家中問題の処理・解決を依頼す。	八月二十日、北条氏綱、武蔵河越城を攻め、上杉朝定を逐う。十二月一日、毛利元就、大内氏と和し、子隆元を山口に遣わす。
天文7（一五三八）		六月十五日、義直、幕府に無沙汰を謝し、黄金二両を献上す。また、重臣大窪雅楽允も黄金一両を献上す。当時、義直、幕府より奥州探題として遇せらる。九月、大崎義直、葛西高信と遠田郡で戦う。	十月七日、里見義堯ら北条氏網と下総国府台に戦い、敗れる。この年大内義隆、朝鮮に大蔵経を求む。
天文8（一五三九）		閏六月二十二日、大崎重臣の大窪雅楽允宛、幕府政所執事伊勢貞孝の返書に、大崎家中騒動の至急解決を望むとある。	九月五日、細川晴元、洛中洛外に徳政令を布く。
天文9（一五四〇）		この年、稙宗三男時宗丸（実元）、越後守護上杉定実（稙宗の外祖父）の家督となる。上杉家中これに反対する者あり、紛争続く。	
天文10（一五四一）		九月、伊達稙宗、子息牛猿丸（晴胤）を葛西氏に入嗣させる。	
天文11（一五四二）		六月、越後家中紛争ようやく治まり、稙宗、時宗丸と共に越後に出発せんとす。宮城郡の留守景宗、これに同行することになる。六月十六日、大崎義直、これを祝し、景宗の労をねぎらう。六月二十日、稙宗嫡男晴宗、突如挙兵し、稙宗を西山城に幽閉す。天文の乱はじまる。稙宗側近の小梁川宗朝、ただちにこれを相馬・田村・二階堂・芦名ら諸氏に告げ、稙宗を救出す。この後、	八月二十四日、美濃の斎藤利政、その主土岐頼芸を逐う。九月二十五日、武田晴信、信州諏訪氏領を収む。

		動乱が拡大し、奥羽の諸氏は稙宗、晴宗両派のいずれかに属して相争い、天文十七年九月の父子和睦まで続く。十一月十一日、刈田郡の白石実綱、宮城郡の留守景宗に書状を送り、晴宗党として戦うことを告げ、稙宗党の国分氏を攻めた景宗をはげます。	
天文12（一五四三）		五月二日、晴宗、東磐井郡大原の大原飛騨守に書状を送り、小僧丸（大崎義宣）が晴宗に逆意をもち国分（稙宗派）に進出したことを伝え、胆沢郡永沢の柏山伊勢守、三迫の富沢金吾と共に後攻めとして袋（栗原郡二迫）に至急進出を命ず。これに対して稙宗は六月十一日、宍戸下野に迫地方の計略を命ず。六月十六日、義宣、名取郡高館の福田玄蕃允・村岡蔵助に対して起請文を与え、所領安堵を約束する。義宣、宮城・名取・柴田等諸郡の中小国人層に稙宗党への参加をよびかける。七月十二日、稙宗、名取郡の秋保伊勢守則盛に対して義宣への協力を依頼す。十三日、稙宗さらに名取郡増田の柿沼外記広永に、八月十日岡郡富沢の山岸肥前守宗成・修理亮勝定父子に、九月十二日柴田郡長谷（支）倉新右衛門らに対して義宣への協力を依頼す。	八月二十五日、ポルトガル船、種子島に来て鉄砲を伝う。
天文13（一五四四）		一月、柴田の四保宗義、義宣の下ではたらく。	
天文14（一五四五）		七月五日、義直、従五位下、左京大夫に任ぜられ、将軍義晴に太刀一腰を贈る。九州探題右衛門佐と同じ。十二月、松山の遠藤氏、晴宗党に同心す。	
天文15（一五四六）		七月、義直、晴宗に使者を送り協力を告げる。この頃、晴宗党各地で勝利し、優勢となる。	十一月二十日、足利義藤（義輝）将軍となる。
天文16（一五四七）		七月、義直、諸臣を率いて遠田郡不動堂に出陣す。稙宗党の葛西晴胤（義宣弟）と戦うか。	十月十九日、松平広忠、子竹千代（家康）を今川義元の人質とす。

天文17（一五四八）	（十一代 義直）	五月、将軍義輝、晴宗に対し、父稙宗と和睦すべき御内書を発給す。九月六日、和睦成立し、天文の乱終わる。晴宗、伊達氏十五代となり、稙宗は伊具郡丸森に隠居す。	三月十九日、今川義元、織田信秀と三河小豆坂に戦う。七月十九日武田晴信、小笠原長時を破る。
天文19（一五五〇）		春、大崎義宣、弟葛西晴胤のもとに亡命する途中、桃生郡辻堂で殺されるという。	
天文20（一五五一）		六月、氏家三河守高継、幕府の蜷川親俊宛書状で、大崎義直近習の者、乱舞習得のため上洛するのでよろしくと頼む。	天文十八年七月二十二日、フランシスコ・ザビエル、鹿児島に来て始めて布教し、二十年春より山口、豊前方面で布教す。
天文22（一五五三）		正月、伊達晴宗、家中一同に改めて知行物を与える。七月九日、葛西晴胤、江刺彦三郎に当面の情勢を伝え、大崎と葛西は宿敵たるを述べる。	八月、上杉景虎と武田晴信、信濃川中島に戦う。
天文23（一五五四）		七月二十二日、氏家三河守上洛して将軍義晴に太刀一腰・馬一定を進上し、黄金二両を賜る。九月二十五日、帰国に際し、京の虎頼より自筆の謡本を贈られる。	
天文24（弘治1）（一五五五）		三月、伊達晴宗、左京大夫に任じ、従四位下になる。数年後、幕府またこれを奥州探題とし、同時に宿老の桑折貞長と牧野忠久を奥州守護代に任ず。	十月一日、毛利元就、陶晴賢を厳島の戦いで破る。
弘治3（一五五七）		正月晦日、義直、黒川景氏・稙国父子に留守、村岡の内戦停止の労をねぎらうとともに合力を約す。	

弘治4（永禄1）（一五五八）		四月十日、一迫の狩野為猶、花山寺に鰐口を寄進す。大工、早山綱次。	
永禄3（一五六〇）			五月十九日、織田信長、今川義元を桶狭間の戦いで敗死させる。
永禄6（一五六三）		室町幕府諸役人附に、大名在国衆として伊達晴宗・芦名盛重、関東衆として葛西・氏家修理亮（奥州大崎）・南部大膳亮・最上出羽守・相馬次郎・岩城掃部助とある。	
永禄10（一五六七）	十二代 義隆	この頃、義直隠居し、嫡子義隆、跡を継ぐ。三月十六日、義隆、柳沢又二郎（谷地森主膳）に加美郡谷地森の地を宛行う。三月二十六日、義直、加美郡宮崎の夏城（隠居所）で死す。法名、蟠松院殿龍山洞雲大居士。十月、義隆、氏家千増丸に玉造郡一栗の地を宛行う。	
元亀2（一五七一）		この年七月より九月にかけて、佐沼・石越方面で大崎氏と葛西氏との戦あり。	九月十二日、信長、延暦寺を焼き討ちす。
元亀3（一五七二）		二月、大崎と葛西の戦激化す。	
天正1（一五七三）		五月、大崎・葛西両氏の和睦成る。	
天正2（一五七四）		一月十一日、義隆、祝儀として高清水大工権頭隆景に槻弓・扇子・白麻百帖を贈る。	

天正5（一五七七）	（十二代 義隆）	この年、大崎と葛西合戦あり。晴宗・輝宗・留守政景・黒川晴氏ら調停に動く。閏月、義隆、最上の庭月式部少輔に河口の名跡を安堵す。十二月、義隆、加美郡四日市場の鹿島社鳥居勧進に馬一疋・板物一端を献ず。	
天正6（一五七八）		葛西義重、東山興田神社を修造する。	
天正8（一五八〇）		六月十日、義隆、鎌倉鶴岡八幡宮の受覚公にこの口への入御を乞う。九月一日、織田信長、義隆に駿馬を求める。	
天正9（一五八一）		五月九日、義隆、愛宕立願の事ありて上洛せんとし、相馬口合戦のため、長井口の通過を伊達輝宗に乞う。	
天正10（一五八二）		八月七日、最上義光、義隆に鮭延の情勢を伝え、協力を依頼す。	正月二十日、九州三大名ローマ遣使。三月十一日、武田勝頼自殺、武田氏滅ぶ。六月二日、本能寺の変、信長自殺。六月十三日、山崎合戦、光秀敗死。
天正11（一五八三）		九月九日、義隆、留守政景に輝宗、政景らの長い相馬在陣の労を謝すとともに当口逐日本意に属するを報ず。	
天正12（一五八四）		十月二日、義隆、留守政景家臣下飯坂壱岐守に対し、伊達輝宗・政景らの相馬氏との和睦を祝し、大崎表は異状なく、近日黒川晴氏が出陣して諸口談合の運びにあること、三日、名生城に移ることを述ぶ。	
天正13（一五八五）		閏八月一日、刈敷十代相模守隆定、義隆より一字名を受け、一族となる。十月八日、輝宗、畠山義継に殺される。	六月十六日、秀吉、長宗我部元親を伐つ。七月、秀吉、関白に任ぜらる。

天正14（一五八六）		この年、義隆家臣新井田刑部ら謀叛を企て、政宗に援助を求む。政宗諒承す。然るに刑部一派違約し、義隆を擁して反対派の氏家一派を討たんとす。氏家弾正、政宗に助けを求む。政宗、これを諒承し、弾正に味方して大崎領を取らんとす。当時中新田城は義隆の本城、名生城は隠居所で義隆の母居る。	正月二十一日、秀吉、家康と和す。七月十六日、政宗、一本松城を奪う。
天正15（一五八七）		三月、義直女梅香姫、小野西館に天神山梅香院を開基す。八月八日、氏家弾正隆継、義隆の名生城移居を政宗に知らせ、急ぎ出兵を乞う。十一月四日、政宗、大松沢の宮沢左衛門に大崎洞中の様子を問い、何事も報告すべきを命ず。十二月三日、義隆、篦峰寺の右柱の色彩を寄進す。左柱は葛西晴信の寄進なり。十二月十六日、氏家隆継、政宗への奉公を申出、政宗、大崎表の情勢を岩沼の泉田安芸守重光に問う。大崎臣加美郡小野田城主石川長門隆重、重光を通じて政宗に奉公を申出る。政宗、重光に石川中堅固なりやを問う。十二月二十五日、政宗、葛西晴信宛書状で、大崎洞中の紛乱を伝う。	三月、秀吉、九州征伐に向かう。五月八日、島津義久降伏す。九月十九日、秀吉、天主教を禁ず。十月一日、北野大茶湯。
天正16（一五八八）		一月十七日、氏家隆継に加勢のため、政宗、陣代として浜田伊豆景隆を大崎に遣わす。留守政景、泉田重光を両将とし、軍奉行に小山田筑前、目付に小成田重長、山岸定康を命ず。長江月鑑・田手宗実・遠藤高康・高城宗綱・宮沢元実らを動員。今月二十五日、岩手沢に着陣、翌日より戦うべきを命ず。一月二十四日、湯目景康を最上境の中山におく。大崎・最上は一党の間なればなり。二月七日、伊達軍敗れ、志田郡新沼城にこもる。二月十六日、最上義光、庭月和泉守に対し、伊達の大崎攻めにつき、真室を根拠に、庄内、仙北の防備を固めるよう指令す。政宗、葛西晴信に、新沼籠城につき、骨肉の筋目により応援を頼む。二月二十三日、泉田安芸・長江月鑑斎を人質として高城・宮沢・遠藤ら籠城軍出城す。	四月十四日、後陽成天皇、聚楽第に行幸。七月下旬、三戸南部氏の軍勢、志和郡に侵入、高水寺城を攻略、斯波詮直敗走し、斯波御所亡ぶ。

（天正16 （一五八八））	（十二代 義隆）	三月六日、政宗、氏家筑前守兼継に一味中堅固の儀肝要を告ぐ。兼継は弾正隆継の弟なり。三月二十四日、政宗、鵙目豊前（氏家一家）、一迫刑部大輔らに一味中堅固にして最上勢の大崎合力を防ぎ、氏家弾正を助くべきを命ず。三月二十八日、最上義光、黒川晴氏の義隆応援を謝し、なお警戒を望む。四月五日、前田利家、政宗に対し最上氏と和睦すべきを勧む。四月二十一日、氏家三河真継・一栗兵部（氏家一家）、氏家弾正に反して義隆に奉公す。五月十七日、最上義光、氏弾を許すよう義隆に諫言す。六月二十一日、義隆、最上義光に大崎洞中の無事を告げ、然れども松山の遠藤が大崎境を侵したので、成敗のため出馬する旨を伝う。七月六日、政宗母（保春院夫人）、片倉小十郎に、最上・大崎と伊達家の和睦周旋を依頼す。八日、最上義光、政宗母に和睦の件同意を伝える。二十一日、和睦成立し、人質として最上に渡された輩すべて返される。二十三日、泉田安芸帰着す。十一月十四日、政宗、片倉小十郎に、氏家一統、高清水一党、大崎洞中過半、改めて懇切、奥筋の静謐を告ぐ。二十九日、政宗、松山の遠藤高宗に、氏家弾正一味と連絡をとり、大崎洞中万事様子を詳細に報告するよう命ず。十二月五日、徳川家康、奥羽の諸大名に秀吉の惣無事令を伝える。	九月四日、政宗、葛西晴信家臣赤井備中景綱に書状を送り、晴信との対面を強く求む。これに応じて十四日、晴信、下折壁下野守と大窪紀伊守の両使を遣わして政宗に鷹を送る。政宗、これを嘉し、晴信への書状と起請文を託す。晴信、伊達の傘下に入る。
天正17 （一五八九）		一月二十三日、伊達と最上・大崎・黒川の和睦後、大崎方に氏家弾正を討つ計画あり。政宗、原田旧拙斎をして探索せしむ。二月十三日、政宗、泉田安芸に弾正の突然の米沢参上を告げ、弾正の存分をきいた結果として当年中に大崎出兵の事あるやも知れず、戦備を命ず。十八日、最上義光より保春院夫人にこの頃より三月にかけて再三書あり、氏家の謀略に惑わされず、政宗が大崎・黒川といよいよ和睦すべきを述ぶ。二月二十三日、黒川晴氏、政宗に無二奉公を誓う。政宗もまた黒川に誓う。四月十五日、政宗、長江播磨守朱印	五月二十八日、政宗の対会津芦名戦に備えて葛西・大崎の他奥口より鉄砲衆五百余人政宗のもとに参着す。六月五日、摺上原の戦い。芦名義広敗れ、黒川城を

	状で、大崎洞中に伊達奉公の者には所領は望み次第以下四条を示す。四月十六日、政宗と義隆の講和成る。①大崎向後は伊達馬打同前の事、②山形への縁辺を切り、当方へ縁約の事、③氏家一統に違乱すべからざる事。この後、氏家弾正・富沢日向らの大崎出仕の件について一致せず。留守政景・黒川月舟斎の調停により解決し、六月十三日、義隆、政宗の起請文の交換により完全に和議成立す。七月二日、最上義光、晴間田右馬亮に書、大崎洞中の無事と氏家一派の出仕を賀し、今後の忠功を期待す。八月十六日、上杉景勝、義隆に上洛を促す。九月三日、政宗臣上郡山仲為、浅野長政宛に政宗上洛延引の事情を説明し、また会津・越後境の戦闘事情を述ぶ。九月九日、最上義光、葛西晴信に書、上方よりの廻文あり、大崎・葛西・最上は「三人同心」、上洛の命あらば同心すべきを勧む。十月二日、義隆、下飯坂壱岐守に書、当三日、名生城に移るを告ぐ。十二月二十四日、政宗、氏家典膳兼継に書、合戦勝利の節は知行宛行を約す。この頃政宗、小成田惣右衛門重長を大崎筋に派し、諸領主を味方に勧誘す。政宗、中目兵庫に書、大崎合戦勝利の節は加美郡四日市場を宛行うを約す。十二月二十六日、政宗、遠藤出羽高康に書、小成田重長に協力すべきを命ず。この頃政宗、大崎攻めの計略をめぐらし留守政景に一任す。	去って白河へ出奔す。十一日、政宗、黒川城に入り、芦名領を入手す。十一月二十四日、秀吉、北条氏征討令を発す。
天正18（一五九〇）	一月二十日、秀吉、政宗に小田原参陣を命ず。二月二日、前田利家、政宗に小田原参陣を促す。三月二日、政宗、高清水長門隆景に料理を賜う。三月十四日、黒川隆丸（義隆子、正三郎義易）、政宗に無二奉公を誓う。四月二十一日、政宗、松山の遠藤出羽高康に、近日上洛する旨を伝え、留守中を頼む。五月九日、政宗、黒川城を発し、小田原に向かう。五月二十一日、氏家弾正隆継病死す。よって政宗、小成田惣右衛門重長を岩手沢城代として置く。六月七日、秀吉、浅野長吉らを使として政宗を問責し、会津・安積・岩瀬を奪う。二十五日、政宗、黒川城に帰る。	一月、津軽為信、浪岡城に拠って自立す。四月三日、秀吉軍小田原城を囲む。六月五日、政宗、小田原に到る。

（天正18〈一五九〇〉）	（十二代　義隆）	七月十日、政宗、米沢城に移る。八月九日、秀吉、黒川城に入り、奥羽仕置を命ず。大崎五郡主大崎義隆、葛西七郡主葛西晴信、小田原参陣せざるにより領地没収、その跡十二郡を木村伊勢守吉清へ与える。伊達氏麾下の石川昭光・白川義親も領地没収、会津・岩瀬・安積は蒲生氏郷へ宛行、南部は信直以外皆没収される。八月十二日、奥羽の検地命令出される。十八日、政宗、豊臣秀次を加美郡城生に案内、義隆の居城中新田城を蒲生氏郷が接収。ついで氏郷は古川城・岩手沢城を接収す。この後、義隆は石田三成の指図で上洛し、所領の回復をはかる。のち葛西晴信も上洛す。十月十六日、大崎・葛西一揆起こる。十月二十三日、一揆討伐のため蒲生氏郷、政宗ら出陣す。十一月十一日、十三日、大崎旧臣中目弥五郎重種・坂本都休斎・早川丹後ら政宗に属す。十一月二十日、二十二日、蒲生氏郷・政宗らによって名生・中目・師山・高清水・宮沢の諸城陥落。政宗は佐沼城を攻略し、木村吉清を救出する。十二月七日、秀吉、大崎左衛門佐（義隆）に本知行分検地の上、三分の一を宛行う。同日、秀吉、大崎左衛門佐伝馬二十疋を羽柴越中侍従に命ず。十二月八日、秀吉、大崎左衛門佐の下向につき、伝馬二十疋を大津の新庄駿河守・かい津の三上與三郎、つるかの大谷刑部少輔、ふちかの木村常陸介、大聖寺の溝口伯耆守、小松の村上周防守に命ず。同日、秀吉、大崎左衛門佐の下向につき、伝馬二十疋を北庄より大聖寺まで羽柴北庄侍従に命ず。ただしその後、義隆の本領三分の一回復は実現せず、義隆は会津の蒲生氏郷、のち上杉景勝に預けられ、慶長八年（一六〇三）八月十三日に会津で没したという（五十六才）。	七月五日、北条氏直、秀吉に降る。十三日、秀吉、小田原城に入る。関東を家康に与える。七月十七日、秀吉、小田原を発して奥州に向かう。
天正19（一五九一）		二月四日、政宗入京。この月侍従に任ぜられ越前守を兼ね、羽柴姓を許さる。在京中、長井・信夫・伊達・田村・刈田・安達の諸部を没収され、大崎・葛西の旧領を賜わる。五月、米沢に帰着。	

		六月十四日、政宗、再び一揆平定のため、大崎・葛西地方に出陣。六月末、宮崎城ついで佐沼城を攻略、七月三日、一揆を平定す。八月、一揆加担の大崎、葛西の旧臣らを須江で殺す。九月二十三日、政宗、米沢より岩出山に移る。	
文禄1（一五九二）		一月五日、政宗、岩出山を発ち、京都に向かう。三月、名護屋に出陣す。	一月五日、秀吉、征明の軍を部署す。
文禄2（一五九三）		四月十三日、政宗、釜山に上陸、六月二十八日、諸将と共に普州城を攻略す。普州城取巻衆の中に、「会津少将（蒲生氏郷）一手、大崎左衛門尉（義隆カ）」とあり、義隆は当時氏郷麾下にあったことが知られる。	
慶長5（一六〇〇）		七月二十五日、白石城の戦に大崎三次（義隆子義興）、上杉景勝に属して敗死。大崎氏滅亡す。	五月三日、徳川家康、上杉景勝征討を令す。九月十五日、関ヶ原の戦。十二月二十四日、政宗、仙台城普請の縄張初め。

おわりに

中世奥羽史において奥州探題大崎氏の研究は不可欠の重要課題である。しかしながら同氏は周知の如く天正十八年（一五九〇）八月の秀吉のいわゆる奥羽仕置によって所領を没収され、滅亡させられ、その結果、同氏伝来の文書や史料がことごとく失われ、研究をいちじるしく困難ならしめた。こうして大崎氏はいわば幻の名族になってしまった。

私は先祖代々大崎の地に生を享け、何とかしてこの大崎十二代の歴史を研究しようと多年努力し、今日ようやくこれまでの研究をまとめることが出来た。しかしまだまだ不充分であることはいうまでもない。十二代の歴史をどうやら体系づけてみたものの、大崎氏の基本的な権力構造や支配機構、産業・経済の問題、さらに社寺興隆・文化等の諸問題については解明を今後に残した。これらはいずれも今後の大崎氏研究の重要課題である。

私のこれまでの大崎氏研究では多くの方々からご援助を頂いた。とくに大石直正・遠藤巌・伊藤信・佐藤正人の諸氏をはじめ、大崎地方の諸氏特に万城目喜一氏からも多大のご指導・ご援助を頂いた。あつく御礼を申し上げる次第である。

最後に、面倒な本書の印刷を快くひきうけて下された今野出版企画株式会社の代表取締役今野邦之助氏に対しても深く感謝を申し上げる。

平成十一年　正月三十日

佐々木慶市

【著者紹介】

佐々木慶市（ささき・けいいち）

大正元年（1912）、宮城県玉造郡鳴子町生まれ。宮城県立仙台第一中学校、旧制第二高等学校、東北帝大法文学部国史学科卒業。海軍教授、仙台第一高等学校教諭、東北学院大学文学部史学科教授を経て、東北学院大学名誉教授。
著書に『古代中世の仙台地方』（仙台市史3別編1）『宮城県史1. 中世史、宮城県中世史料集』（宮城県史30）『仙台藩史』（宮城県史2）『中世の留守氏』（水沢市史2）『中世東北の武士団』（1989. 名著出版刊）など多数。
平成14年（2002）死去。

装丁：川本 要

中世武士選書 第53巻

奥州管領《おうしゅうかんれい》 斯波《しば》大崎氏《おおさきし》
――難敵《なんてき》に挑《いど》み続《つづ》けた名族《めいぞく》

二〇二五年二月二〇日 初版初刷発行

著 者 佐々木慶市
発行者 伊藤光祥
発行所 戎光祥出版株式会社
東京都千代田区麹町一―七
相互半蔵門ビル八階
電 話 〇三-五二七五-三三六一㈹
FAX 〇三-五二七五-三三六五
制作協力 株式会社イズシエ・コーポレーション
印刷・製本 モリモト印刷株式会社

https://www.ebisukosyo.co.jp
info@ebisukosyo.co.jp

ISBN978-4-86403-557-6